2017詹惟中開運農民曆

作者序

掌握運勢，就能掌握自己的命運

二〇一六年印證了幾件重要的事情，去年適逢「廉貞星化忌」，因為廉貞星屬火，代表可能發生與火相關的災難，同時也代表著會發生重大車禍，導致嚴重死傷。在這一年，最令人印象深刻的就屬大陸觀光客來台，於前往桃園機場途中發生火燒車事件，車上二十六人受困車中逃生不及，最後全數葬生火海，是台灣史上最嚴重的遊覽車火燒車意外；再來，台北松山火車站的電聯車炸彈爆炸事件，導致約二十五人受傷，也同屬廉貞星化忌帶來的災難之一。各國也在這一年車禍不斷，像是義大利火車相撞、瑞士觀光團的嚴重車禍等。

另外，廉貞星也代表暴力戰禍，暗示丙年整個世界戰亂不止、司法抗爭衝突不斷，由二〇一五年開始直到二〇一六年不停的 ISIS 恐攻就屬其一，英美三大機場、法國尼斯都接連遭受到 ISIS 突如其來的攻擊。

我並非想藉由這些災難顯示我的預言有多準確，而是希望每個人能謹慎

看待運勢，如果能提早掌握大方向，或許就有辦法避免自己遇上不幸的事件。

這本農民曆，我會利用每個人出生的時間再搭配紫微命盤，做出精準的運勢分析。我不以生肖為主，而是以天干來看，先抓出一個人的出生年，再加上固定的紫微流年命盤，就可以發現在不同的年份中，會有五顆星曜產生微妙的變化，它們都固定坐落在自己流年命盤的某個宮位，而我們將以此來推論一整年的吉凶禍福。

首先，我們先從出生的農曆月份來看，每個人都會特別關注的桃花、人脈和血光。代表桃花的是「天姚星」，而代表人脈的是「左輔星」和「右弼星」，代表血光的是「天刑星」。我們只要從它坐落的位置就能得知雞年運勢，並且也能夠找出要用什麼方法才可以一舉抓住機會、躲開災難。

其次，我們從出生的時辰來得知你的功名、破財運。生活當中每個人都有很多的貴人，在紫微斗數裡總共有分成幾種貴人：「天魁星」與「天鉞星」代表的是年長貴人、「左輔星」與「右弼星」代表的是平輩貴人、「文昌星」與「文曲星」代表的是智慧貴人，也就是我們所說的功名運！「天空星」和「地劫星」，則是紫微斗數裡代表破財的兩顆星曜，我們會找出破財的原因，並且教你破解危機。

最後，與財運有關的「祿存星」、跟災難有關的「羊刃星」與「陀羅星」，還有上段提到的「天魁星」與「天鉞星」，是用出生的年份來判斷。如何在雞年尋找可以真正支持你的好朋友呢？誰可以帶給你更好的運氣、能夠幫助你最多呢？誰又可能是你的小人、傷害你的人呢？現在就翻開這本書，利用你的出生年月時辰，就能夠簡單查找囉！

詹惟中

目錄

3 Chapter 從出生時辰看功名、破財

4 Chapter 從農曆出生年尾數看貴人、財運、疾厄

5 Chapter

雞年開運農民曆

雞年流年總運勢分析

二〇一七年為丁酉年，新的一年適逢「太陰星化祿」，祿代表財富的意思，太陰則是代表女性，顧名思義就是：今年是女性當家！女性朋友們會有比過往多很多的機會可以賺大錢，會因為計畫成功而得財，又因得財而精神愉快。

太陰也代表房地產，這幾年的房地產非常不景氣，但是在新一年的年底將有機會轉圜並且獲利，所有與房地產相關的買賣都會有翻好盤的可能。此外，太陰也和我們所說的居家風水有相關，包括做房地產仲介，買空、賣空都會有利可圖，而與居家相關的家具或是室內設計等，也會跟著受到好的影響喔！另外，今年的流年也顯示著醫學醫藥業將會有大進步！醫學界可能會研發出過往無法突破、嶄新的醫藥品或治療技術造福世人，這是我們可以期待的。

先將好事說完後，我們再來談談二〇一七可能會發生的災難，新的一年適逢「巨門星化忌」，頭一件會面臨的壞事和外交有關。外交將會遭遇到困難，也有可能會面臨到戰爭、紛爭。能不能與友邦國緊密連接，是今年台灣所面臨的最大考驗之一，但目前從流年命盤上看來，情況非常不樂觀，可能會有斷交的情況亦或是惹怒友邦國的危機。因為外交不順暢，會進而導致出口貿易不易，外交的失敗、破滅，將可能接連使得台灣的經濟亮紅燈，外出、進出口的貿易也會因此產生大變動。

其次，巨門星和「嘴巴」與「水」有關，代表今年可能會不斷有與口舌是非、黑心食品、食物中毒相關的事件發生，甚至還會有醫藥毒害的災難。口舌是非、閒言閒語等在這一年會不間斷，不管是電視上的名嘴或是政治人物、名人等，可能會因為一時不當的指責言論，對自己的職涯造成難以抹滅的影響。而巨門星代表的水，可能是水庫的水、我們所喝的水、下雨的水，所有和水有關的災難；舉例來說，海洋受到汙染、飲用水混含不純物質，下雨量少致使水庫缺水，或暴雨襲擊、雨水過多導致嚴重的土石流、水災等，這些都有可能會發生。

此外，今年「天同星化權」，天同星代表的是娛樂、休息，權則代表執著與堅定，娛樂界、娛樂場所等會有不少重大衝突發生。娛樂場所需檢查設備方面是否有問題，以免設備損壞，傷及無辜；也需注意所有與兒童有關的場所、設備，托嬰所、幼兒園等育幼場合，家長都需要謹慎提防，幼兒可能會被欺負、甚至虐待的危機。而娛樂界、歌唱界以及幼教界都會面臨到制度的改變，對於經營者來說，今年是個充滿挑戰的一年；但對於從事設計創作或是行銷方面的工作者，將會獲得好的名聲、利益。

新的一年，什麼樣的機會要好好把握，什麼樣的災禍需要特別留意，相信讀者們心裡都有個底了，掌握好大方向後，就接著往下，詳看自己新的一年的運勢吧！願每一位讀者都能有平安、順心、發財的好年。

1 Chapter

雞年運勢排行榜

新的一年，運勢到底會如何呢？這個章節先揭曉八大運勢：桃花、人脈、血光、功名、破財、財運、貴人、疾厄的前三名！在詳細查找自己的流年之前，先看看自己是不是今年的幸運兒吧！

從天姚星看桃花最多前三名

No 3
6月
午
子女宮
No 2
7月
未
夫妻宮
巳
財帛宮
申
兄弟宮
辰
疾厄宮
9月
酉
No 1
本命宮
卯
遷移宮
戌
父母宮
寅
奴僕宮
丑
官祿宮
子
田宅宮
亥
福德宮
桃花最多 No.1：農曆出生月份 9 月
會有很多主動桃花，你喜歡的對象也會對你有意思；雖然桃花運旺，但切忌不要逢人就愛。
桃花最多 No.2：農曆出生月份 7 月
被動桃花眾多，魅力足夠，吸引不少追求者；不過若自我控制不夠，容易陷入意亂情迷之中。
桃花最多 No.3：農曆出生月份 6 月
今年可盼見大桃花，但同時也暗藏著無法預期狀況的桃花，甚至可能懷孕生子，如沒有這個打算，需小心謹慎。

天姚星在紫微斗數中是顆充斥著吸引力與魅力的桃花星，也是一顆關係著如何展現人際桃花魅力的重要星曜。當天姚進入流年，會更顯現出桃花的特質，人際交際變廣泛且對象多半是異性，自然會散發出吸引人關愛的魅力。但要小心，若桃花落在不當之處，反而會引來桃花危機。

從左輔星、右弼星
看人脈最多前三名

2、6月
No 1.2
巳
財帛宮
午
子女宮
未
夫妻宮
申
兄弟宮
辰
疾厄宮
2、6月
酉
No 1.2
本命宮
卯
遷移宮
戌
父母宮
寅
奴僕宮
No 3
10月
丑
官祿宮
子
田宅宮
亥
福德宮
人脈最多 No.1：農曆出生月份 2 月
左呼右應，人脈豁達。錢財部分會因為朋友的力挺和支持，而得到更好的利益。
人脈最多 No.2：農曆出生月份 6 月
只要能藉由親友的幫忙，轉換消息或流通資訊，就能夠有出奇的好運。
人脈最多 No.3：農曆出生月份 10 月
事業投資都可以得到朋友們幫助，人際關係跟著大大提升，今年賺錢升官的好運到！

左輔星、右弼星在紫微斗數中被認為是貴人星，是力量最強的助力星。這種貴人財是指透過平輩、晚輩朋友，例如同學、同事或者是學弟妹的協助，近一步讓自己的人脈更加擴展，並有可能從中獲取、累積可觀的財富。

從天刑星看血光最多前三名

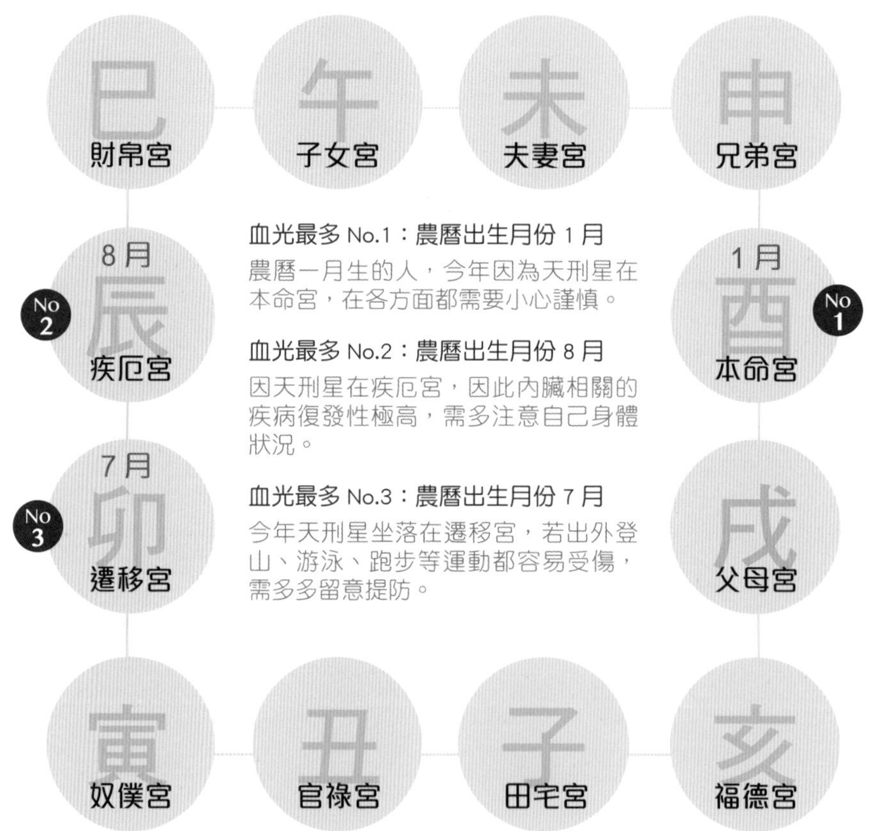

巳 財帛宮
午 子女宮
未 夫妻宮
申 兄弟宮
8月 辰 疾厄宮 No 2
1月 酉 本命宮 No 1
7月 卯 遷移宮 No 3
戌 父母宮
寅 奴僕宮
丑 官祿宮
子 田宅宮
亥 福德宮
血光最多 No.1：農曆出生月份 1 月
農曆一月生的人，今年因為天刑星在本命宮，在各方面都需要小心謹慎。
血光最多 No.2：農曆出生月份 8 月
因天刑星在疾厄宮，因此內臟相關的疾病復發性極高，需多注意自己身體狀況。
血光最多 No.3：農曆出生月份 7 月
今年天刑星坐落在遷移宮，若出外登山、游泳、跑步等運動都容易受傷，需多多留意提防。

天刑星在紫微斗數裡主掌刑罰病傷，另外也代表孤獨，是顆殺傷力很強的災星。隨著天刑星坐落在不同的流年位置，也各代表著不同的災難、血光，不過只要找對方法、小心謹慎應對，就能大事化小、小事化無。

從文昌星、文曲星
看功名最旺前三名

功名最旺 No.1：丑時

出生時間 01:00 ～ 03:00 的人，將考運亨通、所向無敵，會獲得許多榮耀，且也能考上很多證照或是資格。

功名最旺 No.2：巳時

出生時間 9:00 ～ 11:00 的人，若已出社會，今年會得到上司肯定；其次在賺錢方面有特殊才華者，會得到意料之中的驚喜及回報。

功名最旺 No.3：酉時

出生時間 17:00 ～ 19:00 的人，若你要考試，則考試一定會成功，若要衝刺事業則會遇見不少貴人扶持。

文昌星、文曲星在紫微斗數裏頭代表功名與智慧。舉凡參加各類考試，例如高普考、醫師特考、學測等，都與這兩顆星有關，負責考運的是文昌星；文曲星則是負責特殊才藝者的部分，例如演藝人員、藝術家、作家等。

從天空星、地劫星看破財最兇前三名

午時
巳
No 3
財帛宮
午
子女宮
未
夫妻宮
申
兄弟宮
辰
疾厄宮
寅、戌時
酉
No 1.2
本命宮
卯
遷移宮
戌
父母宮
寅
奴僕宮
寅、戌時
丑
No 1.2
官祿宮
子
田宅宮
亥
福德宮
破財最兇 No.1：寅時
出生時間 03:00 ～ 05:00 的人，事業投資會有被虧空的可能，業績無法達成，要當心花錢如流水。
破財最兇 No.2：戌時
出生時間 19:00 ～ 21:00 的人，因本身容易花費太多錢，所以金錢最後會虧空殆盡，也可能因為交友不慎，在職場上屢屢受騙。
破財最兇 No.3：午時
出生時間 11:00 ～ 13:00 的人，求錢時無財，原有的利益難以獲得，甚至就連投資都會血本無歸，或是因為錢財不來而導致周轉失靈。

天空星、地劫星是六煞星中的兩顆星曜，最不利於財運，但天空星較著重於精神的損失，地劫星則是著重於財物的損失；舉例來說，天空星出現在流年的話，感情可能會落空、精神上有可能遇到重大打擊。地劫星則是會讓你的財富慢慢地流失，導致親人疏離、生活孤獨。

從祿存星
看財運最旺前三名

尾數 5、7
No 2
巳
財帛宮

午
子女宮

未
夫妻宮

申
兄弟宮

辰
疾厄宮

尾數 0
酉
No 1
本命宮

尾數 4
No 3
卯
遷移宮

戌
父母宮

寅
奴僕宮

丑
官祿宮

子
田宅宮

亥
福德宮

財運最旺 No.1：農曆出生年尾數 0

祿存星落在命宮，財神爺就降臨在你左右，一整年都財運亨通，連周遭親朋好友都會因你而有財運。

財運最旺 No.2：農曆出生年尾數 5、7

祿存星落在財帛宮、財星高照！是個適合用錢滾錢的一年，如有投資的好機會，不要輕易錯過。

財運最旺 No.3：農曆出生年尾數 4

你的祿存星落在財帛宮，今年將會有異地錢財、外地錢財的收入。儘量踏出熟悉的環境去找尋財源吧！

在紫微斗數中，祿存星是唯一能夠獨立自主的財星，也是最受歡迎的吉星，若要得知一個人的財運如何、是否有聚財本事抑或是有無理財觀念，此星坐落的流年位置就能看得一清二楚。吉星降臨雖是好事，還是得靠自己努力才能夠使財運更加增長。

從天魁星、天鉞星
看貴人運最旺排名

尾數 1、2
No 3
巳
財帛宮
午
子女宮
尾數 3、7、9
No 2
未
夫妻宮
申
兄弟宮
辰
疾厄宮
尾數 5、6
酉
No 1
本命宮
尾數 1、2
No 3
卯
遷移宮
戌
父母宮
寅
奴僕宮
尾數 3、7、9
No 2
丑
官祿宮
子
田宅宮
尾數 5、6
亥
No 1
福德宮
貴人運 No.1：農曆出生年尾數 5、6
今年對你來說是個福氣滿滿、物質生活不會匱乏的一年！只要抱持正念，你遇上任何事都能獲得幫助、迎刃而解。
貴人運 No.2：農曆出生年尾數 3、7、9
職場貴人運極佳，會得到老闆、客戶、主管的認同，可能有升官的機會。此外，另一半也會增添你的運氣。
貴人運 No.3：農曆出生年尾數 1、2
事業在今年將有機會得到進展，你的貴人藏在外地，不要故步自封，積極向外求發展將獲得大好結果。

在紫微斗數中，天魁星與天鉞星被稱為是天上掉下來的貴人星，又被稱為「天乙貴人」。泛指年齡、輩分、職位、社會地位比我們高的「年長貴人」。這兩顆星能夠在你遇到危難或是陷入困境時，給你最即時的幫助與建議。

從羊刃星、陀羅星看災厄最多前三名

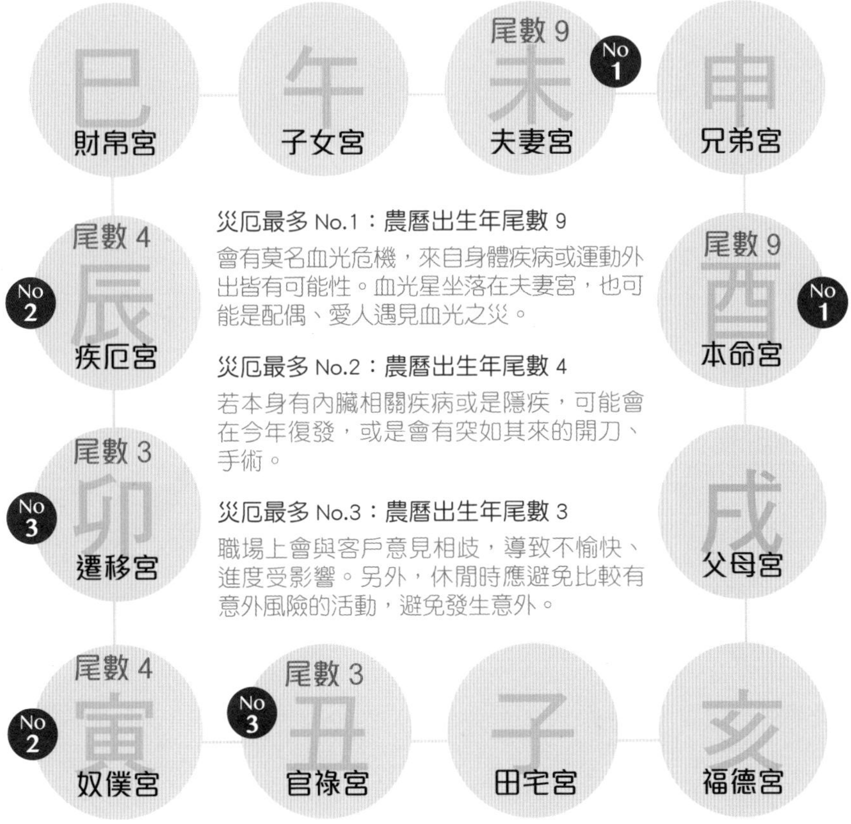

巳 財帛宮
午 子女宮
尾數 9 No 1 未 夫妻宮
申 兄弟宮
尾數 4 No 2 辰 疾厄宮
尾數 9 No 1 酉 本命宮
尾數 3 No 3 卯 遷移宮
戌 父母宮
尾數 4 No 2 寅 奴僕宮
尾數 3 No 3 丑 官祿宮
子 田宅宮
亥 福德宮

災厄最多 No.1：農曆出生年尾數 9

會有莫名血光危機，來自身體疾病或運動外出皆有可能性。血光星坐落在夫妻宮，也可能是配偶、愛人遇見血光之災。

災厄最多 No.2：農曆出生年尾數 4

若本身有內臟相關疾病或是隱疾，可能會在今年復發，或是會有突如其來的開刀、手術。

災厄最多 No.3：農曆出生年尾數 3

職場上會與客戶意見相歧，導致不愉快、進度受影響。另外，休閒時應避免比較有意外風險的活動，避免發生意外。

羊刃星與陀羅星是紫微斗數煞星中的兩顆，主要管理血光、災難及突如其來的厄運。羊刃星顧名思義就如一把宰羊的刀，會帶著血光或是災難而來；而陀羅星和羊刃星的不同之處是，陀羅星帶來的傷害屬於內傷，需注意內臟疾病或慢性疾病惡化，也需小心難以預測的意外。

2 Chapter

從農曆出生月看桃花、人脈、血光

這個章節，我們運用星曜所在的不同宮位，算出每個人今年雞年的三大流年運勢：桃花、人脈、血光。只要簡單用自己的農曆出生月，就能輕鬆查找自己的運勢囉！並且提供風水改運小撇步，讓你好事加乘、壞事化小！

[總論]

桃花運勢：★★★★
人脈運勢：★★★
血光注意：★★★★★

職場學校桃花多，自身血光需留意

農曆一月出生的人，今年會在職場或是學校開出朵朵桃花，如果是單身的朋友，只要隨時注意任何風吹草動，就能抓住這難得的機會；除了桃花運勢佳之外，人脈也能夠經由父母的輔助來達到另一個巔峰，健康部分則是會因為朋友的幫助或是建議，而獲得好的結果。但我要提醒農曆一月生的朋友，必須謹慎防備今年必定會出現的血光之災，盡量控制情緒，好將大事化小、小事化無。

若想在今年擺脫單身的話，建議不要過於故步自封，若有任何機會請緊緊地把握住，尤其請注意十二月的時候，會出現一個開低走高的好桃花，千萬別放過這良機。若有空閒時間，建議多陪伴父母，如此一來可以增加人脈提升的機會，二來還能夠因為父母而得到更多意想不到的幫助，或是遇見人生貴人。

在居家的風水上，要避免有刀槍的相關物品出現，無論是圖畫、書籍或是圖騰，都不可放置在客廳，以免更增加血光的危機。

1月 桃花運勢

巳 財帛宮	午 子女宮	未 夫妻宮	申 兄弟宮
辰 疾厄宮			酉 本命宮
卯 遷移宮			戌 父母宮
寅 奴僕宮	丑 官祿宮（天姚）	子 田宅宮	亥 福德宮

◆代表星曜：天姚星
◆所處宮位：官祿宮
◆風水區域：辦公室
◆開運物品：財神天珠

官祿宮（或稱為事業宮），與個人的學業和事業有關，可以由此得知相關的運勢狀況，也表示和上司、師長、同事或是客戶之間的互動關係。

當天姚星坐落在與職場和學校有相關聯的官祿宮，就表示愛情會有可能在這兩個地方開花結果。在職場上，也許是辦公室戀情，也或許是與客戶間發展為情愫；在學校上，則是可能與同學、學長、學姐在參加活動時擦出火花，以上這些狀況在今年度發生的可能性非常高。所以，若是你現在仍然單身，請一定要把握住這段戀情的開頭，一旦有任何風吹草動或是愛慕者對你進行追求，都必須牢牢緊握住，千萬不要錯失掉。尤其在雞年的十二月，你將會遇見一個開低走高的好桃花哦！

風水強運法！
官祿宮在居家流年的風水區域上，代表的是辦公室，建議可以在辦公桌擺放鹽燈或是財神天珠，來提高好桃花成功的機率！

1月 人脈運勢

巳 財帛宮	午 子女宮	未 夫妻宮	申 兄弟宮
辰 疾厄宮（左輔）			酉 本命宮
卯 遷移宮			戌 父母宮（右弼）
寅 奴僕宮	丑 官祿宮	子 田宅宮	亥 福德宮

◆代表星曜：左輔星、右弼星

◆所處宮位：疾厄宮、父母宮

◆風水區域：廁所、孝親房

◆開運物品：花卉、牡丹花畫作

農曆一月份出生的朋友，你的左輔星和右弼星在新的一年當中，會落在疾厄宮與父母宮。疾厄宮代表一個人的健康狀態與先天體質，當左輔星落在此處，即代表若身體健康上有任何隱疾或是病痛纏身時，可以藉由朋友的推薦或介紹幫忙尋求名醫、方法解決問題，或有可能是被朋友建議、抑或影響，讓你更加注重養生跟運動，這些都是使身體更加健康強壯的途徑。

右弼星坐落在父母宮，顧名思義就是你的人際關係將會藉由父母的引薦，提升自己的人脈，讓人脈網更加廣闊，建議有事業心的你，可努力將父母的人脈資源在今年當中全部一覽、納入自己身邊，這樣就能夠讓你的事業再創顛峰。

風水強運法！

疾厄宮在風水上來看是代表廁所，父母宮則是代表父母的房間。若要提升人脈，建議可以在廁所擺放黃金葛，在父母的房間掛上幾幅牡丹花的畫作，就能讓你一整年貴人財運都亨通。

1月 血光運勢

◆代表星曜：天刑星
◆所處宮位：本命宮
◆風水區域：客廳
◆開運物品：魚缸

今年的天刑星坐落在本命宮的你，顧名思義代表：今年確實會有血光危險，輕則小血光，重則可能會有官司纏身。若想破解血光之災，可以做些小手術來解決，例如：捐血、微整形、刺青、穿耳洞或是整牙，這些都是可行的方式。今年對農曆一月出生的人來說，是一個刀光劍影、血光難逃的一年，若有罰單、官司等問題，務必小心謹慎面對，切勿意氣用事或是過於固執。

血光並不可怕，可怕的是無法預期、或者是明知山有虎仍往虎山行，請善用手上的利器（老師的預言），千萬不要因為一時疏忽而讓自己被傷害。無論是出外遠遊或從事各種戶外活動都一定要注意安全，也不要輕易與他人起口角或是搬弄是非，甚至是從事非法的行為。

風水強運法！
本命宮在風水上代表的位置是客廳，建議在客廳擺放一個魚缸，讓游魚的活力帶著你的生命力流動，藉此來化解血光之災。

[總論]

桃花運勢：★★★★
人脈運勢：★★★★★
血光注意：★★★

拓展人際關係，聽從父母建議

農曆二月出生的人，今年建議多外出參與聚會，除了能增加遇見好桃花的機會之外，也有可能在聚會場合找到未來會幫助你甚多的貴人。如果你不善交際，也不用硬參加各種聚會，只要抱持著多交朋友的心態去拓展人際關係，認識的人多了，找尋到貴人的機會自然也跟著增加，錢財和桃花更容易跟著一起來到身邊喔！

但今年有另外一項需要注意的事情，二月生的朋友需多聽從父母的指導與建議，切勿與父母起爭執，凡事盡量忍讓，以孝順為優先。一來，不但可以破解血光之災，二來更會因為父母的協助而獲得更好的機會。

若與父母分居的朋友，要經常探視或是打電話問候他們，有時一點小小心意、一通電話，或許無形之中就能預防令人遺憾的災難，更能替自己積存行孝、行善的好運，使流年運勢加倍順利。

2月 桃花運勢

巳 財帛宮	午 子女宮	未 夫妻宮	申 兄弟宮
辰 疾厄宮			酉 本命宮
卯 遷移宮			戌 父母宮
寅 奴僕宮（天姚）	丑 官祿宮	子 田宅宮	亥 福德宮

◆代表星曜：天姚星
◆所處宮位：奴僕宮
◆風水區域：樓梯間、走道
◆開運物品：貴人合照、吉祥畫作

奴僕宮代表的是部屬、學弟學妹、晚輩或是周遭朋友，今年你的天姚星落在這個宮位代表以下幾件事，會發生的可能性很大。

你或許會因為朋友的介紹或是聚會而認識朋友的表妹、表弟，抑或是學弟妹，這些都有可能是你的愛情對象；但首先，你必須要釋出一些訊息給朋友們，讓他們得知你想談戀愛，才能得到更多的桃花機會喔！

若機會很多卻遲遲沒有成功獲得愛情，那麼在二〇一七的這一年，你也有可能會收到很多喜帖，出席不少喜宴場合，這時候，便是你掌握好桃花的最好時機！經由朋友們的介紹，在這類的聚會場合上會獲得不少好桃花，要好好把握。

風水強運法！
從居家風水上來看，奴僕宮代表樓梯間或走道，建議在牆上掛上吉祥的畫或是與貴人的合照來增加人脈。但不可在空間內堆積雜物、阻礙通道，並維持整潔。

2月 人脈運勢

巳 財帛宮（左輔）	午 子女宮	未 夫妻宮	申 兄弟宮
辰 疾厄宮			酉 本命宮（右弼）
卯 遷移宮			戌 父母宮
寅 奴僕宮	丑 官祿宮	子 田宅宮	亥 福德宮

◆代表星曜：左輔星、右弼星

◆所處宮位：財帛宮、本命宮

◆風水區域：廚房、客廳

◆開運物品：鹽燈、山水畫

今年你的右弼星坐落在本命宮，表示人脈會變得更廣闊，會交到更多朋友，而隨著好的朋友增加，你的名聲也會跟著遠播。

左輔星坐落在財帛宮，代表你這一年會因為過去長期的努力而備受肯定，得到來自多方的支持，平時廣結善緣的你，還有機會和朋友合夥入股加盟，在錢財方面獲得更多利益。

最有助於左輔星和右弼星發展的就是幽默與風趣，當你在經商或者跟人搏感情、交朋友時，必須要展現出你的親和力和討人喜愛的個性，這樣一來，就能夠更加拓展人際關係、獲得對方的信任感，錢財運也可以大大提升！

風水強運法！

居家風水上來看，財帛宮代表的是廚房、本命宮代表的是客廳，建議在廚房放鹽燈，以此照亮好運；客廳則建議放置山水畫，畫中應有步步高升的元寶山、五隻鹿的五路財神、松柏長青、一路發的花，以及從西方進來的湖等開運元素。

巳 財帛宮	午 子女宮	未 夫妻宮	申 兄弟宮
辰 疾厄宮			酉 本命宮
卯 遷移宮			戌 父母宮 天刑
寅 奴僕宮	丑 官祿宮	子 田宅宮	亥 福德宮

◆代表星曜：天刑星
◆所處宮位：父母宮
◆風水區域：孝親房
◆開運物品：牡丹畫

如果天刑星坐落在父母宮，表示今年的血光會與父母有關，若父母已邁入中老年，建議可以動些小手術（如白內障、除斑）等來化解血光之災。

此外，還要注意父母、長輩們可能大起爭執，嚴重的話甚至會有拳腳相向的情況，爭吵的內容可能與你有關，或者是你心中一直恐懼的事情，長輩們的紛爭會讓你有著很大的精神壓力，但仍建議需心平氣和地溝通，切勿與他們爭論，記住「百善孝為先」，孝順才是最重要的。

或許，父母今年也會在無形之中加諸壓力在你身上，父母給的壓力是因為他們對你的期許，而這股壓力也能成為替你剷除惡習的寶刀。因此，今年你最大的功課的就是多多孝順父母以及學習忍讓。

風水強運法！
從居家風水上來看，父母宮代表的位置是孝親房，建議在孝親房擺放開運的牡丹畫，若牡丹畫擺放的位置良好，便能藉此化解災難。

［總論］

桃花運勢：★★★
人脈運勢：★★★★
血光注意：★★

維持良好人際關係，培養運動的好習慣

今年對農曆三月生的人來說，是個適合不斷外出的一年，若是單身的朋友，更是建議你假日就盡量往外跑，才能夠提高遇見好桃花的機會。尤其是在農曆二月的時候最適合外出，無論是旅遊、聚會還是參加活動，在農曆二月所遇見的桃花，會是你今年最好的桃花，務必要好好注意把握！

此外，建議你和周遭的親朋好友，甚至是子女晚輩保持良好關係，切勿意氣用事，也要避免逞一時的口舌之快，他們在今年都能夠替你帶來很好的人緣及賺錢機會。

若有足夠的時間，強烈建議你培養運動的習慣，一來能夠身強體健、二來運動能夠保持心情愉悅。若察覺到心情低落，可藉由運動抒發壓力，並多從事自己有興趣的事物，避免自己想太多、鑽牛角尖而帶來血光之災。

3月 桃花運勢

巳 財帛宮	午 子女宮	未 夫妻宮	申 兄弟宮
辰 疾厄宮			酉 本命宮
卯 遷移宮（天姚）			戌 父母宮
寅 奴僕宮	丑 官祿宮	子 田宅宮	亥 福德宮

◆代表星曜：天姚星
◆所處宮位：遷移宮
◆風水區域：大門外
◆開運物品：盆栽

農曆三月生的朋友，你的天姚星今年落在遷移宮，表示在新的一年當中，你所有的桃花都在異地、外地。如果是常常出差或者在異地讀書、遊學的朋友，可能會遇到很多桃花喔！若沒機會出差或者長時間出國的人也不需傷心，建議你一有空就多往外走走，盡量不要待在出生地或是生活地！

已經有伴侶的朋友，今年很適合和伴侶到外地遊玩，能增進你們之間的感情，讓關係更加穩固。想擺脫單身或維持另一半感情的朋友，千萬要記得，今年花點時間安排出遊，是很值得投資的！若不踏出門，愛情就不會來敲門。出外最好的時機是農曆二月，此時若有機會在外地、異地生活，會遇見非常好的桃花，不要輕易放過機會。

風水強運法！
從居家風水上來看，遷移宮所代表的風水區域是大門外，必須時時保持整潔乾淨，種植一些會開花結果的盆栽或是黃金葛，替自己提升桃花運。

3月 人脈運勢

巳 財帛宮	午 子女宮（左輔）	未 夫妻宮	申 兄弟宮（右弼）
辰 疾厄宮			酉 本命宮
卯 遷移宮			戌 父母宮
寅 奴僕宮	丑 官祿宮	子 田宅宮	亥 福德宮

◆代表星曜：左輔星、右弼星
◆所處宮位：子女宮、兄弟宮
◆風水區域：後陽台、客房
◆開運物品：壁燈、水墨畫

若你年事已高，今年可能會因為子女精細的股票分析、個人事業經營或已傳承給子女的事業，而獲得很大的利益。且也有機會藉由子女的朋友、朋友的朋友，甚至是親戚的朋友的引薦，解決你在工作上遇到的困境，因為這些朋友，你的人脈將會比以往更加寬廣。因此，農曆三月出生的人，今年勢必需要借力使力，千萬不要單打獨鬥。

另外，也可能會因為親戚或是子女得到更好的賺錢機會，幫你免除破財的大危機，請好好珍惜這些人脈。無論你面臨到什麼糾紛，這些新舊人脈都能夠幫你化解一切，如果有難，不要做困獸之鬥，放下尊嚴去尋求協助吧！相信會得到好的回應和解決之道。

風水強運法！

從居家風水上來看，子女宮代表的是後陽台，建議雜物要收整齊，如有壁癌或是窗戶故障都要整修，並加裝壁燈來照亮運勢。兄弟宮代表的則是客房，家中若沒有客房，可從走道或樓梯間著手，要掛上家族合照或是水墨畫，增添人脈運勢。

3月 血光運勢

巳 財帛宮	午 子女宮	未 夫妻宮	申 兄弟宮
辰 疾厄宮			酉 本命宮
卯 遷移宮			戌 父母宮
寅 奴僕宮	丑 官祿宮	子 田宅宮	亥 福德宮 天刑

◆代表星曜：天刑星
◆所處宮位：福德宮
◆風水區域：休閒室
◆開運物品：魚缸

天刑星坐落在福德宮，代表今年你會從事跟刀有關的休閒活動，例如參加廚藝教室、學習縫紉、裝潢等，或許會有不同的收穫喔。

但因為福德宮掌管靈魂思緒，所以今年農曆三月生的朋友，你會發現自己好像特別容易鑽牛角尖，甚至會影響到平時對事情的思考和判斷，讓你變得不是那麼快樂。建議心情低落時，多出外走走、或者聽聽開心的音樂，讓自己保持正面能量。尤其，無論是事業、學業或者感情，在各方面不要得失心太重，適時提醒自己要放輕鬆，一切都能解決、都會雲淡風輕。

記住一句話：只要「維持正念」，就可以遠離多慮、緊張的情緒，使今年從不快樂轉變成快樂的一年。

風水強運法！

從居家風水上來看，福德宮的對應風水區域是休閒室，可能是玩電腦、彈琴或是讀書的休息室，如有任何損傷或是髒污都需要處理乾淨，再放上能夠帶來生氣的魚缸，就能把危機降到最低囉！

[總論]

桃花運勢：★★★
人脈運勢：★★★
血光注意：★★★★

身體健康要掌握，人脈要靠另一半

農曆四月生的朋友今年若想要擺脱單身，首要目的是先將自己身體調養到最好的狀態，擁有好的精神體態，在遇見期待已久的桃花時，才能更有效地把握住機會。除了人的健康狀態要顧之外，家裡廁所的清潔也需注意！在風水上來說，家中廁所掌管著家人們的健康，所以必須保持乾燥潔淨，桃花運才能夠事半功倍喔。

而今年你的人脈運勢，主要需要靠另一半的幫忙，若是單身的朋友，會出現眾多追求者，這些人裡也許就有個能夠大力幫助你的貴人。如果今年你想要賺錢，或是讓事業達到更高的巔峰，就必須好好地對待伴侶，如此一來就能夠得到更多的好機會。

此外，因為今年的天刑星落在田宅宮，雖然一般來說，家是讓人感到最安全、舒適的地方，但是今年你並不能掉以輕心，否則很有可能會出現在浴室滑倒或是家具物品弄傷人等意外。

4月 桃花運勢

巳 財帛宮	午 子女宮	未 夫妻宮	申 兄弟宮
天姚 辰 疾厄宮			酉 本命宮
卯 遷移宮			戌 父母宮
寅 奴僕宮	丑 官祿宮	子 田宅宮	亥 福德宮

◆代表星曜：天姚星
◆所處宮位：疾厄宮
◆風水區域：廁所
◆開運物品：黃金葛

你今年的天姚星坐落位置在疾厄宮，顧名思義，你的桃花會和身體健康有相關；換言之：沒有健康的身體，就沒有愛情！所以二〇一七年，這個新的一年，你的目標將會是滋養心靈、強身健體。

只要身體能夠照顧周全，且保持健康活力的話，就有力量勇敢追求愛情，或許還會因為健康，而遇見令人無法預料的大驚喜桃花喔！若想要擺脫單身，就必須先將自己的身體狀況照顧到最好的狀態，好的桃花自然就會來臨。

已有伴侶的朋友，今年可和另一半一起培養運動習慣，不但能擁有共同的話題，更能促進健康！還有機會擺脫過去的不愉快，感情增溫後，兩個人一起攜手往未來邁進。

風水強運法！

從居家風水上來看，疾厄宮代表的風水區域是廁所，若廁所過度潮濕或是排水不順、照明不佳等，都會引起家庭成員的健康問題。除了按時清潔，可在廁所裡擺上黃金葛讓健康運大提升。

4月
人脈運勢

◆代表星曜：左輔星、右弼星
◆所處宮位：夫妻宮
◆風水區域：臥房
◆開運物品：百合花

今年你的左輔星和右弼星皆落在夫妻宮，除了代表追求者眾多之外，如果是非單身的人，代表你的另外一半會幫你招來更多貴人，換句話說，他今年的人脈會比你更廣。

當你努力追求事業時，仍將另一半擺在心頭上，他自會感受到你對他的重視！也更願意大力推廣人脈及錢脈給你，或許是介紹貴人、也或許是有好的商機等等，伴侶能替你帶來仲介財，甚至能夠因此得到眾人的喝采與令人稱羨的成果，伴侶的好朋友們也會主動給予你更多支持與贊助。

所以說，在這一年當中你必須要以妻為貴、以夫為重，才能獲得更多的貴人以及賺錢的好機緣。俗話說：「聽某／尪嘴，大富貴！」就是在說今年的你！

風水強運法！

從居家風水上來看，夫妻宮的代表位置是臥房，建議在臥房內擺放百合花，讓自然的花香化解不好的煞氣，並注意清潔、維持明亮，才能夠迎來好的人、事、物。

4月 血光運勢

巳 財帛宮	午 子女宮	未 夫妻宮	申 兄弟宮
辰 疾厄宮			酉 本命宮
卯 遷移宮			戌 父母宮
寅 奴僕宮	丑 官祿宮	子 田宅宮（天刑）	亥 福德宮

◆代表星曜：天刑星
◆所處宮位：田宅宮
◆風水區域：餐廳
◆開運物品：水果拼盤

天刑星落在田宅宮，代表居家可能會有點狀況，或許是需要重新翻修或裝潢，也有可能會遇上漏水、漏電、住家被破壞或是違建被拆除的狀況。如果今年有打算買賣房地產或是房子租賃，都要多多留意，稍不注意就會導致官司纏身。

天刑在田宅宮，也代表著有家事不寧的可能，家庭成員會有口舌是非多的麻煩事，或是官司纏身，導致血光難逃，但不用太過於慌張，凡事盡量以平常心去坦然面對，重點是不要意氣用事，心平氣和地處理。

此外，還要多注意居家設備，尤其是家中有老年人、小孩，必須留意滑倒、受傷的可能，例如浴室磁磚過滑、廚房的利器的收納等，一點小疏失都可能遇到血光。

風水強運法！
從居家風水上來看，田宅宮的對應位置是餐廳，而餐廳代表的是家人齊聚一堂的中心，若擺上五彩繽紛的水果拼盤就可以提升氣場、減少血光災難。

[總論]

桃花運勢：★★★★

人脈運勢：★★★

血光注意：★★★★

得到各方親友幫助，修身養性學習忍耐

農曆五月出生的人，今年的內外緣都很不錯，不但可以獲得兄弟姊妹以及身旁朋友的協助，甚至連子女都會對你大力支持。所以今年好好對待自己身邊的親朋好友吧！才能夠得到更多的好機會。

而今年對你來說，是個可以將自己打扮得光鮮亮麗的一年，所以好好投資自己吧！買點衣服、鞋子，去做點小美容，將自己打扮得愈迷人，桃花跟財運就會愈好喔。雖然自己看起來「升級」了，但千萬不要太過於高標準，不要只單看外表或財產，否則會有錯失良緣的可能。

另外，今年對五月出生的朋友來說，也是一個需要修身養性的一年。要時時刻刻告訴自己要忍耐，以免一時的口舌糾紛，讓你的職位受到重大影響。

5月 桃花運勢

◆代表星曜：天姚星
◆所處宮位：財帛宮
◆風水區域：廚房
◆開運物品：鹽燈

天姚星坐落在財帛宮，代表今年是你的財富桃花年，你會有足夠的資金裝扮自己、投資自己，讓外表氣質看起來更佳出眾迷人，當然，也就因此吸引到更多的桃花囉！

特別的是，被你給吸引來的異性會帶著財富一起靠近你，因此你很可能會因為桃花而致富，需仔細看看哪個才是最適合自己的另一半，但要注意，千萬不要眼睛長在頭上，帶著高標準去選擇，也許因為你這一挑剔，反而錯過真的適合你且還帶著財神的桃花。

在這一個新的年度中，你也很有可能遇到很愛你的異性，他會帶著財運，想贏取你對他的青睞，或是想盡任何浪漫的方法來取悅你。但就像我們上面講的，不要被一時的榮華富貴沖昏頭，睜大雙眼才是上策。

風水強運法！
從居家風水上來看，天姚星坐落在財帛宮，而財帛宮代表的位置是廚房，擺上鹽燈是個很好的開運方法。臥室也可以放置鹽燈，如此一來就能夠讓財運跟愛情合而為一。

5月 人脈運勢

巳 財帛宮	午 子女宮（左輔）	未 夫妻宮	申 兄弟宮（右弼）
辰 疾厄宮			酉 本命宮
卯 遷移宮			戌 父母宮
寅 奴僕宮	丑 官祿宮	子 田宅宮	亥 福德宮

◆代表星曜：左輔星、右弼星
◆所處宮位：子女宮、兄弟宮
◆風水區域：後陽台、客房
◆開運物品：壁燈、水墨畫

若你年事已高，今年可能會因為子女精細的股票分析、個人事業經營或已傳承給子女的事業，而獲得很大的利益。且也有機會藉由子女的朋友、朋友的朋友，甚至是親戚的朋友的引薦，解決你在工作上遇到的困境，因為這些朋友，你的人脈將會比以往更加寬廣。因此，農曆五月出生的朋友，今年勢必需要借力使力，千萬不要單打獨鬥。

另外，也可能會因為親戚或是子女得到更好的賺錢機會，幫你免除破財的大危機，請好好珍惜這些人脈。無論你面臨到什麼糾紛，這些新舊人脈都能夠幫你化解一切，如果有難，不要做困獸之鬥，放下尊嚴去尋求協助吧！相信會得到好的回應和解決之道。

風水強運法！

從居家風水上來看，子女宮代表的是後陽台，建議雜物要收整齊，如有壁癌或是窗戶故障都要整修，並可加裝壁燈來照亮運勢。兄弟宮代表的則是客房，家中若沒有客房，可從走道或樓梯間著手，要掛上家族合照或是水墨畫，增添人脈運勢。

5月 血光運勢

巳 財帛宮	午 子女宮	未 夫妻宮	申 兄弟宮
辰 疾厄宮			酉 本命宮
卯 遷移宮			戌 父母宮
寅 奴僕宮	丑 官祿宮（天刑）	子 田宅宮	亥 福德宮

- ◆代表星曜：天刑星
- ◆所處宮位：官祿宮
- ◆風水區域：辦公室
- ◆開運物品：財神天珠

今年你的天行星落在官祿宮，代表職場上有可能會被小人陷害、被查漏稅，或是拿到罰單等等。

職場上風險萬千，所以在做任何事情時都要小心翼翼，否則可能會忽然被人誣陷、官司纏身，嚴重點甚至會有職場霸凌、傷害的事故發生。建議在工作場合要以靜制動，多觀察四周，並且對所有爭執抱持平常心，時刻提醒自己要忍耐，避免因為一時情緒激動釀成大錯。

還有，請避免口出惡言，因為今年你的口舌是非特別多，一不小心就有可能受到影響，最嚴重的後果可能會被免職，造成失業。不過，如果是從事執刀的工作者，如廚師、技工師傅等，職場上會十分平順，不會有任何血光之災發生。

風水強運法！
從居家風水上來看，官祿宮代表辦公室或書房。可以將財神天珠或是信仰的佛像放置在書桌或辦公桌，這樣就能在危機中找到生路，避免血光之災。

[總論]

桃花運勢：★★★★

人脈運勢：★★★★★

血光注意：★★★

雞年好孕到，人脈錢財來

農曆六月出生的人，今年會是你的好孕年！若還是單身，也沒有懷孕的計畫，需要注意避孕的措施，否則很有可能會未婚懷孕；若是已婚者，則可以準備好迎接懷孕這件喜事。相對的，你在感情方面可能會偏向性愛的交流，建議多增加情感層面的互動，才能真正讓彼此感情更加溫。

好消息是，過往的努力將在今年全部回報給你，你所堅持、努力的一切都將會受到肯定，也會得到很多支持，身邊的朋友出資的出資、出力的出力，你會發現大家全部都會幫助你。

今年你會有機會認識很多新朋友，建議多表現自己風趣開朗的一面，讓新朋友對你產生好的印象，人與人之間的交往流通了，錢財就會跟著一起進來。

6月 桃花運勢

在紫微斗數裡頭，子女宮代表受孕、性生活，所以當你今年的天姚星坐落在子女宮時，表示桃花會較偏向於性愛方面，不一定屬於情感方面的交流。

因此，農曆六月生的朋友必須注意，今年非常有可能會因為懷孕而結婚，雖然適當的性愛生活能調劑原本煩悶的生活，也能讓愛情更加濃厚，但還是不建議性愛氾濫，否則容易遇見爛桃花。

未婚者更要當心，今年懷孕機率非常高，而已婚的朋友，可以開始做好懷孕的準備。若是年事已高又有孩子的朋友，那麼可以關心一下孩子的感情近況，因為你的孩子也許正準備要結婚囉！

風水強運法！
從居家風水上來看，子女宮代表的是後陽台，未婚者家中的後陽台需保持良好通風；壁燈要常開，能防止生活發生弊端；已婚者則要注意夫妻臥房、子女房或是客房勿堆積雜物或變成儲藏室，否則會破壞風水及喜事。

6月 人脈運勢

巳 財帛宮 (左輔)	午 子女宮	未 夫妻宮	申 兄弟宮
辰 疾厄宮			酉 本命宮 (右弼)
卯 遷移宮			戌 父母宮
寅 奴僕宮	丑 官祿宮	子 田宅宮	亥 福德宮

◆代表星曜：左輔星、右弼星

◆所處宮位：財帛宮、本命宮

◆風水區域：廚房、客廳

◆開運物品：鹽燈、山水畫

今年你的右弼星坐落在本命宮，表示人脈會變得更廣闊，會交到更多朋友，而隨著好的朋友增加，你的名聲也會跟著遠播。左輔星坐落在財帛宮，代表這一年會因為你過去長期的努力而備受肯定，得到多方面的支持，平時廣結善緣的你，還有機會和朋友合夥入股加盟，在錢財方面獲得更多利益。

最有助於左輔星和右弼星發展的就是幽默與風趣，當你在經商或者跟人搏感情、交朋友時，必須要展現出你的親和力和討人喜愛的個性，這樣一來，就能夠更加拓展人際關係、獲得對方的信任感，錢財運也可以大大提升！

風水強運法！

居家風水上來看，財帛宮代表的是廚房、本命宮代表的是客廳，建議在廚房放鹽燈，以此照亮好運；客廳則建議放置山水畫，畫中應有步步高升的元寶山、五隻鹿的五路財神、松柏長青、一路發的花，以及從西方進來的湖等開運元素。

6月 血光運勢

巳 財帛宮	午 子女宮	未 夫妻宮	申 兄弟宮
辰 疾厄宮			酉 本命宮
卯 遷移宮			戌 父母宮
寅（天刑） 奴僕宮	丑 官祿宮	子 田宅宮	亥 福德宮

◆代表星曜：天刑星
◆所處宮位：奴僕宮
◆風水區域：走道
◆開運物品：貴人合照

今年你的天刑星坐落在奴僕宮，奴僕宮代表的是部屬、學弟學妹、晚輩或是周遭朋友，可能是朋友受傷需要去探望，或者是朋友變成小人從背後捅你一刀。

因此，今年若遇到任何紛爭，務必要沉住氣、避免得罪任何人，以免誤觸對方的地雷，無法解決問題之外，還會想盡辦法傷害你。所以在這一年當中，要小心謹慎、步步為營，並且要特別留意你的左右手愛將，或是親近的部屬友人，可能會在你不注意的時候不經意捅你一刀。

如果想要化解這些災禍，可以多多關心身旁朋友，在他們需要你幫忙的時候兩肋插刀，累積好的緣分。時刻要注意身邊是否有佞臣，今年會莫名出現很多小人，多謹防謹慎總是好的。

風水強運法！
從居家風水上來看，奴僕宮代表的是樓梯間或走道，建議可在牆上掛些吉祥的畫作或是與貴人的合照，來增加人脈。但須注意不可讓雜物阻礙通道，維持乾淨。

[總論]

桃花運勢：★★★★★
人脈運勢：★★★★
血光注意：★★★★

被動桃花旺，不宜外出遠行

農曆七月生的人，今年的被動桃花非常地旺，不管你是單身還是未婚，都會出現眾多追求者。若是未婚的朋友，需要慎選伴侶；若是已婚的朋友，就必須時時把持好自己，千萬不要因一時的誘惑而做出讓你一生後悔的事情。如果身邊伴侶的天姚星坐落在夫妻宮，一定要盯緊一點，以免婚姻或是感情狀況發生危機。

除了桃花運勢佳之外，你的人脈也能夠經由父母長輩的輔助來達到另一個巔峰，健康部分則是會因為朋友的幫助或是建議，而比過往更佳。

另外，今年是個非常不適宜出外遠行的一年，容易在外地遇上血光之災，建議休假時在家休息、修身養性，待累積實力之後，再為明年的計畫行動。

7月 桃花運勢

當天姚星坐落在夫妻宮，在風水本命宮裡是被稱為「被動桃花」。若你單身、未婚，那麼會出現很多以結婚為前提的追求者，想與你交往；若你已有伴侶但尚未結婚，那麼開始有心理準備啦！今年你步入婚姻的可能性很大！你身邊會出現非常多的追求者，如過江之鯽般。這也表示已婚者可能會有發生婚外情的機會，必須把持好自己，千萬不要衝動行事。若非自己，而是身邊伴侶的天姚星坐落在夫妻宮的話，一定要盯緊一點，以免感情發生危機。

今年的天姚星除了讓你渾身上下散發出無限魅力之外，也會讓你的眼神和談吐都跟著受到眾多青睞，所以不管是單身或是有伴的人，今年都不需擔心會孤單度過啦。

風水強運法！

從居家風水來看，夫妻宮代表的區域為臥房，所以若要求良緣或是夫妻感情融洽的人，建議臥房絕對要採光明亮、空氣流通、保持乾淨，尤其要注意不可有任何不好的氣味，可以放一些花香的精油，使空氣清新，好運長存。

巳 財帛宮	午 子女宮	未 夫妻宮	申 兄弟宮
左輔 辰 疾厄宮			酉 本命宮
卯 遷移宮			戌 父母宮 右弼
寅 奴僕宮	丑 官祿宮	子 田宅宮	亥 福德宮

◆代表星曜：左輔星、右弼星
◆所處宮位：疾厄宮、父母宮
◆風水區域：廁所、孝親房
◆開運物品：花卉、牡丹花畫作

疾厄宮代表一個人的健康狀態與先天體質，當左輔星落在此處，即代表若身體健康上有任何隱疾或是病痛纏身時，可以藉由朋友的推薦或介紹幫忙尋求名醫、方法解決問題，或有可能是被朋友建議、抑或影響，讓你更加注重養生跟運動，這些都是使身體更加健康強壯的途徑。

至於父母宮，代表我們與父母之間的相處狀況、緣分，另外也可以當作與上司、主管或是一切衣食父母的互動情況。今年你的右弼星坐落在父母宮，顧名思義就是你的人際關係將會藉由父母的引薦，提升自己的人脈，讓人脈網更加廣闊，建議有事業心的你，可努力將父母的人脈資源在今年當中全部一覽、納入自己身邊，這樣就能夠讓你的事業再創顛峰。

風水強運法！

疾厄宮在風水上來看是代表廁所，父母宮則是代表父母的房間。若要提升人脈，建議可以在廁所擺放黃金葛，在父母的房間掛上幾幅牡丹花的畫作，就能讓你一整年貴人財運都亨通。

巳 財帛宮	午 子女宮	未 夫妻宮	申 兄弟宮
辰 疾厄宮			酉 本命宮
卯 遷移宮（天刑）			戌 父母宮
寅 奴僕宮	丑 官祿宮	子 田宅宮	亥 福德宮

◆代表星曜：天刑星
◆所處宮位：遷移宮
◆風水區域：大門外
◆開運物品：山海鎮

遷移宮代表一個人在異鄉外地的生活狀況，包括出國遊學、旅遊、移民、出差遠行或是搬家等等，也可由此推斷出一個人是否適合對外投資，以及是否具有長期在異地生活的命格。天刑星坐落在遷移宮，是一種非常危險的運勢！即代表若是要出外旅遊或是開車銜接業務時，都必須小心為上，因為很容易會發生血光之災。夜晚也必須避免出外，盡量在白天時出門，若一定要在夜晚出外，則是建議攜伴，以防萬一。

這個流年宮位表示所有病痛與血光都會出現在外地，尤其是在外地經商、讀書的朋友更需注意！盡量不要與人起爭執，否則若是一言不和、大打出手的話，必定會見血。最後建議交通工具要妥善保養，任何事情都必須提高警覺，才能盡量避免血光。

風水強運法！
從居家風水上來看，遷移宮代表的位置是大門前，建議時時開燈保持明亮，才能夠讓光明驅走惡運，也可以放上山海鎮，化解出外時可能會遇到的血光災劫。

[總論]

桃花運勢：★★
人脈運勢：★★★
血光注意：★★★★

桃花盛開靠自己，生活惡息需改變

農曆八月出生的朋友，今年你會有桃花，但是桃花需要靠自己主動才能夠順利開花，身旁的兄弟姊妹或是朋友都會助你一臂之力，但若要有近一步進展，就要靠自己多多爭取，要主動出擊才能贏得芳人心。

而今年的你才華洋溢、充滿創意，腦子裡有很多靈感，加上有相當多人脈助力，朋友會不時給你超棒的建議，所以能獲得不少賺錢機會。然而，若想要賺更多錢或是遇見更多好機會，建議有空就多出外走走，因為貴人幾乎都在外地哦！

如果身體有長期的慢性疾病，今年必須盡快治療好或是改變生活作息，例如不要熬夜、飲食方面少油少糖少鹽，並且維持運動習慣等等。避免疾病惡化或是新疾病產生，有健康的身體才能夠做更多想做的事情。

8月 桃花運勢

巳 財帛宮	午 子女宮	未 夫妻宮	申 兄弟宮（天姚）
辰 疾厄宮			酉 本命宮
卯 遷移宮			戌 父母宮
寅 奴僕宮	丑 官祿宮	子 田宅宮	亥 福德宮

- 代表星曜：天姚星
- 所處宮位：兄弟宮
- 風水區域：客房
- 開運物品：花卉圖騰

在紫微斗數中，兄弟宮除了代表與親兄弟姊妹的關係和緣分之外，也象徵著與平輩表親、朋友以及同事的互動。今年你的天姚星坐落在兄弟姊妹宮，即代表兄弟姊妹會桃花不斷、喜帖不斷，而你的桃花運也會與他們連動，只要跟著他們走，就有機會遇上良緣。

若你是單身，可以多跟朋友或是與舊同學、舊同事、平輩朋友等聯絡情感、參加聚會，不要錯過任何社交場合！若是你積極地參加，自然而然會遇到新的桃花。身邊的朋友或是兄弟姐妹會自動自發幫你牽起紅線，也會主動替你介紹不錯的對象。

如果你是已婚者，與伴侶之間有不愉快、吵架，也能因為朋友或是手足的調解、幫忙，而讓關係獲得改善。

風水強運法！

從居家風水上來看，兄弟宮代表的位置是客房，建議在房間內掛上一些有花卉的圖案或是畫像，象徵桃花朵朵開，也能夠讓氣場更好，好運連連。

8月 人脈運勢

巳 財帛宮	午 子女宮	未 夫妻宮	申 兄弟宮
辰 疾厄宮			酉 本命宮
卯 遷移宮（左輔）			戌 父母宮
寅 奴僕宮	丑 官祿宮	子 田宅宮	亥 福德宮（右弼）

◆代表星曜：左輔星、右弼星
◆所處宮位：遷移宮、福德宮
◆風水區域：休閒室、大門外
◆開運物品：魚缸、花草樹木的盆栽

農曆八月生的朋友，今年在學習路上會得到很多支持，除了能力提升之外，因為學習遭遇到的挫折，也會因為親友的幫忙而破解。建議維持頭腦的思考運作，遇見任何問題直接向親朋好友詢問或請示意見，他們都能夠給出令你意想不到，甚至驚豔的答案。

右弼星若坐落在流年的福德宮，代表你會出現很多很棒的想法，不停創造出新的點子，藉此獲得更多的財富。當左輔星落在遷移宮時，代表今年的人脈財運必須向外追求，比如説出差、外調都可能為你帶來不小的財富。若有派遣到外地的機會，建議牢牢把握住，因為有可能在外地遇見讓你創業致富的貴人與機會，所以千萬不要拒絕。

風水強運法！

從居家風水上來看，福德宮代表的是休息室，建議可以擺魚缸，並且時刻保持乾淨，就能增進人脈和財運。至於遷移宮代表的位置則是大門外或落地窗前，這些地方不要堆積雜物，可以放上一些花草樹木的盆栽。

8月 血光運勢

巳 財帛宮	午 子女宮	未 夫妻宮	申 兄弟宮
辰 疾厄宮（天刑）			酉 本命宮
卯 遷移宮			戌 父母宮
寅 奴僕宮	丑 官祿宮	子 田宅宮	亥 福德宮

◆代表星曜：天刑星
◆所處宮位：疾厄宮
◆風水區域：廁所
◆開運物品：黃金葛、壁燈

疾厄宮能夠看出一個人的身體狀況，例如：是否會罹患重大疾病，或是身體哪個部位最虛弱等等，也可由此推斷出生病的病因及起源。

農曆八月生的人，今年你的天刑星坐落在疾厄宮，代表在這一年當中，若有困擾已久的慢性疾病，勢必需要動手術，沒辦法避開，但也不必太過緊張，為了身體健康，該開刀就開，早期治療、早期改善。若身體有任何不舒服，建議第一時間先看醫生，或許就能避免變成大疾病。

若是身體健康者，建議可以用小手術來破解血光，舉凡捐血、微整形、穿耳洞或是割雙眼皮都可以，用一些可控制的小血光化解大血光，這就是所謂的化危機為轉機。

風水強運法！

從居家風水上來看，疾厄宮代表的區域是廁所。廁所若過於昏暗不明、通風不良，都可能會加重血光之災。建議可在廁所內放置綠色植物，保持明亮度。

[總論]

桃花運勢：★★★★★
人脈運勢：★★★★
血光注意：★★★

桃花人脈運勢佳，自身健康需注意

農曆九月出生的朋友，今年你的桃花跟人際關係運勢都會很不錯喔！因為天姚桃花星落在本命宮，所以更是勢不可擋！只是今年的桃花屬於主動桃花，即使機會眾多，若自己沒有踏出第一步的勇氣，還是沒辦法有個好結果，請化被動為主動，勇敢出擊吧！你可是有著堅強的桃花運呢！

今年你最需要注意的部分是健康，要比過去更加留意自己的身體狀況，或許以前年輕力壯，身體復原得快，但現在可不比以往，不好的生活習慣必須一點一點改善，培養運動的習慣。

在這新的一年，事業雖然獲得發展，但可能會因忙碌而忽略健康，就算有再多的財富，但卻全部拿來付醫藥費，豈不得不償失？切記，千萬不要為了錢財而失去了健康，最後反而兩頭空！

9月 桃花運勢

巳 財帛宮	午 子女宮	未 夫妻宮	申 兄弟宮
辰 疾厄宮			酉 本命宮（天姚）
卯 遷移宮			戌 父母宮
寅 奴僕宮	丑 官祿宮	子 田宅宮	亥 福德宮

◆代表星曜：天姚星
◆所處宮位：本命宮
◆風水區域：客廳
◆開運物品：山水畫、百合花

本命宮代表一個人的先天運勢、人格、才能、思想觀念等等，由此也可看出個人一生的際遇及成敗。今年你的天姚星坐落在本命宮，即稱為「主動桃花」。桃花運勢不可擋，非常容易拈花惹草，異性緣極佳，只要有心主動追求，通常都能成功贏得對方的心！

你在這新的一年當中，會非常注意儀容打扮，也會想方設法地投資自己，讓外型更加吸引人目光。以往個性害羞內向的人，在今年也會變得特別大膽、外放，勇於主動追求愛情。另外，今年你想結婚的欲望會特別高，也是令你變得主動外放的原因之一。

已婚或有伴侶的朋友，今年則要主動多關心另一半，噓寒問暖、多站在對方的立場著想，如此便能讓彼此的感情加溫，互動也會更為緊密。

風水強運法！
從居家風水上來看，本命宮的代表區域是客廳，建議可以放置山水畫或是百合花，就能夠讓更多好運累積且更持久、更成功！

9月 人脈運勢

巳 財帛宮
午 子女宮
未 夫妻宮
申 兄弟宮
辰 疾厄宮
酉 本命宮
卯 遷移宮
戌 父母宮
寅 奴僕宮（左輔）
丑 官祿宮
子 田宅宮（右弼）
亥 福德宮

◆代表星曜：左輔星、右弼星
◆所處宮位：奴僕宮、田宅宮
◆風水區域：餐廳、樓梯間、走道
◆開運物品：花卉、風景畫或貴人合照

今年你的左輔星和右弼星坐落在奴僕宮與田宅宮。田宅宮代表你若要買賣房地產、搬家，找店面或是店面的拓展和裝潢，都能夠得到很多的助力。建議可以找評價好的房仲業者或是風水老師，從他們提供的專業建議，能讓你獲得不錯的財富。

奴僕宮則代表你的後輩、晚輩，例如部屬、學弟妹或是年紀比你輕的朋友等，今年他們將成為你的貴人。有空時多多參加朋友的聚會，藉由朋友的好名聲或是推薦，進而交到更多新朋友，人脈愈豁達，則商機愈無限，事業也會跟著不斷攀升。假設你不喜歡外出，那麼今年一定要多帶好朋友來家裡聚會，因為好朋友來家裡，很可能會帶著貴人一起到來！

風水強運法！

從居家風水上來看，田宅宮代表的區域是餐廳，奴僕宮代表的則是樓梯間跟家中走道。建議在餐桌放有果香的水果，讓香氣趕走穢氣；樓梯間跟走道保持通暢，牆面保持乾淨，建議掛上風景畫或是與朋友、貴人的合照，都能提升人脈好運。

9月 血光運勢

財帛宮代表一個人的財富多寡、財運走向，也可看出一個人對金錢的態度、理財能力以及投資發達的方向。天刑星坐落在財帛宮，代表這一年將可能出現兩種危機。

第一種是「賺了大錢，失了健康」，會因為拚命賺錢而忘了休息，積勞成疾，或體力不濟發生意外。建議當身體不堪負荷時，要學著放鬆跟休息，有足夠的健康才有長遠的錢財。第二種是「因財持刀」，今年你可能會招惹金錢糾紛，招來血光之災或官司是非，但只要謹慎應對，就能避免衝突。若有財務糾紛者應盡快處理，以免夜長夢多。

另外，工作內容如果是跟「刀」有關的人，例如醫生、法官、廚師等，天刑星對你來說是顆好星曜，代表你將會有很多獲利的新機會。

風水強運法！

從居家風水上來看，財帛宮代表的區域是廚房，需注意灶不要外露，廚房門前可以加裝上門簾，來擋住因財而起的血光，更可以化解莫名的破財危機。

[總論]

桃花運勢：★★
人脈運勢：★★★★
血光注意：★★★

桃花藉由長輩來，升遷機會喜降臨

農曆十月出生的人，今年你會有升遷的機會，可能是受到上司的賞識，或者你的努力終於被看見。雖然說會因此身兼數職，導致身心更加疲勞，但是你的付出全都不會白費，甚至會轉化成錢財回報到你身上。

如你仍然單身、未婚，今年會特別有長輩緣，時不時會有長輩想介紹對象給你，建議不要一味拒絕，或許能認識到意料之外、不錯的異性，且還有可能直接步入婚姻喔！桃花對象的年紀可能比你大許多，也有可能是朋友或上司。

另外，若是已有小孩的人，需要特別注意孩子的安全，不要因為忙碌而忽視對孩子的關心，以免一時的疏忽或溝通不良而造成遺憾。

10月 桃花運勢

父母宮在紫微斗數中，主要代表父母的人格與個性，也反應出親子間的感情深淺、緣分強弱及兩者的互動影響；在命理學中也泛指老師、長宮、上司或年長親友等長輩。

當天姚星坐落在父母宮，可能代表很多意思，首先你會藉由媒妁之言遇見桃花，也就是說，會由長輩、上司替你牽起紅線，介紹對象給你，因而開始一段新的愛情。所以想結婚的人，千萬不要抗拒父母師長的好意喔！也許能因為這樣，就遇見陪你度過一生的好伴侶！

另外，「長輩桃花」的意思，也代表你有機會遇到忘年之交，或是愛慕者年紀比你大很多，對方可能是上司、同事或是朋友皆有可能。最後，如果父母是離異的單親家庭，則代表雙方都有再婚或戀愛的機會。

風水強運法！

從居家風水上來看，父母宮代表孝親房，除了保持乾淨外，建議也可以在房裡擺上一座蓮花燈，讓柔和的光芒照耀陰暗處，替你帶來好運跟喜訊。

10月 人脈運勢

巳 財帛宮	午 子女宮	未 夫妻宮	申 兄弟宮
辰 疾厄宮			酉 本命宮
卯 遷移宮			戌 父母宮
寅 奴僕宮	丑 官祿宮（左輔、右弼）	子 田宅宮	亥 福德宮

◆代表星曜：左輔星、右弼星
◆所處宮位：官祿宮
◆風水區域：辦公室
◆開運物品：花草樹木的盆栽

今年你的左輔星和右弼星坐落在官祿宮。官祿宮代表的是事業跟學業，等於長官、同事或是客戶可能會成為你的貴人。今年你有機會獲得私人公司的應聘，可能會在公司兼任多項職位，什麼都攬來自己做。

所謂能者多勞，你為公司所做的一切都會被長官看在眼裡，並在心裡替你加了許多分，甚至會提報上級，讓你在職場上的職位得到提升，比以前帶領更多的下屬，部屬們會以你馬首是瞻。不過責任愈大，壓力也愈大，還是要適時放鬆，顧好身體為上。

雖然你非常有能力，但還是建議多聽聽朋友的提醒跟建言，他們所說的話可能會讓你的事業獲得更多財富。若有在經營副業者，副業也會有賺錢、升級的機會喔。

風水強運法！
從居家風水上來看，官祿宮代表辦公室，建議辦公桌上的東西要時刻排放整齊，桌上或是周圍可以擺放花草樹木的盆栽，以此增加人脈及財氣。

10月 血光運勢

在紫微斗數中，子女宮代表的是一個人子女的多寡，還有孩子的資質、個性與才能。子女對父母的態度及與親子的緣分深淺、懷孕生產的難易度和孩子的健康狀況也能從這裡看出來。

今年你的天刑星坐落在子女宮，代表為人父母者一定要當心孩子的安全，因為他們極有可能在學校、戶外、路上，或是出外遊玩時遇見血光之災。因此父母一定要時刻提醒孩子安全，並多替他們留意。

至於新婚尚未有小孩者，今年則是看良辰選擇剖腹生產的好時機。有身孕者一定要小心謹慎，避免不必要的大動作，否則可能會有流產的危機。而還不打算生育的未婚女性，則建議做好避孕準備，因為意外懷孕的可能性非常高。

風水強運法！
從居家風水上來看，子女宮代表的區域是後陽台，盡量避免在陽台堆積垃圾或是雜物，維持乾淨整潔，並加裝壁燈，就能夠免除子女受傷的危機！

[總論]

農曆生月
11
月

桃花運勢：★★★
人脈運勢：★★★★
血光注意：★★★

多結交新朋友，伴侶相處要注意

農曆十一月出生的人，今年可藉由平時的興趣、愛好認識新對象，或許是網路上或其他地方認識相同嗜好的朋友；若沒有特別的興趣愛好，則可以培養或多參與報名活動，像是烹飪教室、健身房等等，或許就能從中認識不錯的桃花對象喔！只要能交到新朋友，對桃花、事業來說都是有益處、無壞處。

另外，你最需要注意的，是與另一半之間的相處模式，除了要比平時更關心伴侶的健康狀況之外，更需抱持更多耐心；否則可能會因為一些不值得的小事而導致吵架、分手，更糟的狀況是可能忽略伴侶的身體健康，等到病情嚴重時才發現。因此建議平心靜氣，忍一時風平浪靜、退一步海闊天空，讓兩人都能更好，感情也會更加穩固。

11月 桃花運勢

巳 財帛宮	午 子女宮	未 夫妻宮	申 兄弟宮
辰 疾厄宮			酉 本命宮
卯 遷移宮			戌 父母宮
寅 奴僕宮	丑 官祿宮	子 田宅宮	亥 福德宮（天姚）

◆代表星曜：天姚星
◆所處宮位：福德宮
◆風水區域：休息室
◆開運物品：向陽花、魚缸

福德宮在紫微斗數裡代表一個人的壽命以及各種休閒、才藝活動，舉例畫畫、運動或是音樂表演等，由福德宮可以看出個人的交際能力，以及是否具有特殊才華。

當天姚星坐落在福德宮，代表愛情的種子，可能就藏在你的專長興趣或是休閒嗜好裡。當然，也可能會因為突如其來而產生的興趣，因此有意想不到的戀情萌芽。若你是個沒有特殊休閒愛好的人，不妨從現在就開始培養吧！因為有很大的可能，會遇見志同道合的另一半喔。

但如果是是打牌、喝酒、賭博這種比較不良的嗜好，反倒會引起爛桃花。建議還是慢慢戒掉、不要接觸太多，以免後悔莫及。已婚者，在休閒之餘也要注意彼此的言行互動，避免因為過度鑽研興趣，而冷落了伴侶。

風水強運法！

從居家風水上來看，福德宮代表休息室，若家中無此格局也可以布置一個專門從事休閒活動的小客廳來代替。建議擺上向陽花或魚缸，都能夠帶來好運。

11月

人脈運勢

◆代表星曜：左輔星、右弼星

◆所處宮位：奴僕宮、田宅宮

◆風水區域：餐廳、樓梯間、走道

◆開運物品：花卉、風景畫或是好的合照

今年你的左輔星和右弼星坐落在奴僕宮與田宅宮。田宅宮代表你若要買賣房地產、搬家，找店面或是店面的拓展和裝潢，都能夠得到很多的助力。建議可以找評價好的房仲業者或是風水老師，從他們提供的專業建議，能讓你獲得不錯的財富。

奴僕宮則代表你的後輩、晚輩，例如部屬、學弟妹或是年紀比你輕的朋友等，今年他們將成為你的貴人。有空時多多參加朋友的聚會，藉由朋友的好名聲或是推薦，進而交到更多新朋友，人脈愈豁達，則商機愈無限，事業也會跟著不斷攀升。假設你不喜歡外出，那麼今年一定要多帶好朋友來家裡聚會，因為好朋友來家裡，很可能會帶著貴人一起到來！

風水強運法！

從居家風水上來看，田宅宮代表的區域是餐廳，奴僕宮代表的則是樓梯間跟家中走道。建議在餐桌放有果香的水果，讓香氣趕走穢氣；樓梯間跟走道保持通暢，牆面保持乾淨，建議掛上風景畫或是與朋友、貴人的合照，都能提升人脈好運。

11月 血光運勢

今年你的天刑星坐落在夫妻宮，有兩種可能：一是心愛的伴侶會有病痛血光纏身，需要付出比平時更大關懷心，才能夠避免生離死別的危機，並且需要給對方更多的支持與陪伴；不過，也有可能只是動動整形手術、牙齒手術等小問題，不需太過緊張。

二是你的伴侶雖然身強體健，沒有任何疾病，可是可能會反目、兩人刀刃相向，最後導致感情產生裂痕而分手。若遇見這種情況，化解之道只有破財消災，並且控制好自己的嘴巴，避免口出惡言，多說些甜言蜜語，付出加倍的關心跟愛意，並學習忍耐，將衝突降到最低，以和為貴才能使你們的感情更加堅定穩固。

風水強運法！
從居家風水上來看，夫妻宮的代表區域臥室，建議可以在房間噴灑一些天然花香精油，讓臥房充滿芬芳的香味，除去不良穢氣，亦可以增進夫妻情趣，一舉兩得。

[總論]

農曆生月 12 月

桃花運勢：★★
人脈運勢：★★★
血光注意：★★

避免與親友爭執，時常外出遇貴人

農曆十二月出生的人，今年要特別注意與手足和朋友之間的相處，盡量忍讓、以和為貴，有空閒時要多多關心對方，切勿因利益產生糾紛，舉凡課業討論、合作投資等，都很有可能會產生衝突，所以要多多注意。

今年對你來說，是特別適合買賣房產的一年。買了新房後，已婚者感情更加穩固，未婚者則可能在買房後遇見了好對象，進而有結婚的可能。總而言之，今年你的成家欲望高，藉由家宅的買進或整修，就能提升你的桃花運。

而今年的你才華洋溢、充滿創意，會有很多的靈感，加上有相當多的人脈助力，朋友也會不時給你好的建議。若想要賺更多錢或是遇見更多好機會，建議有空就多出外走走，因為貴人幾乎都在外地喔！

12月 桃花運勢

巳 財帛宮	午 子女宮	未 夫妻宮	申 兄弟宮
辰 疾厄宮			酉 本命宮
卯 遷移宮			戌 父母宮
寅 奴僕宮	丑 官祿宮	子 田宅宮（天姚）	亥 福德宮

◆代表星曜：天姚星
◆所處宮位：田宅宮
◆風水區域：餐廳
◆開運物品：米色或是紅色的桌布椅套

田宅宮代表家屬親族，也代表家運，也就是我們所說的風水。今年你的天姚星落在田宅宮，俗稱「風水桃花」，顧名思義就是：今年可能會因為結婚而買下新房，也有可能先買了房子後，想結婚的欲望更高且機會也更多。

另一種可能是今年家中風水擺設對桃花運的影響很大，也許你需要更換一下壁紙、電器及床位擺設，增添家裡的新氣象，也增加桃花出現的可能性。有機會出現新的桃花買房子給你，或是娶妻嫁夫的情況。

而已婚者的感情，會因為買進新房或是繼承家產而更加穩定。若沒有房產者，可以考慮與伴侶一起買房。最後，一定要把重點放在讓家裡煥然一新，呈現一塵不染的狀態，才能夠招來更多更好的桃花。

風水強運法！

從居家風水上來看，田宅宮代表的區域是餐廳，要注意保持空間明淨，不可有任何難聞的氣味。建議將餐桌椅換上米色或是紅色的桌布椅套，提升好的氣場！

12月 人脈運勢

巳 財帛宮	午 子女宮	未 夫妻宮	申 兄弟宮
辰 疾厄宮			酉 本命宮
卯 遷移宮（左輔）			戌 父母宮
寅 奴僕宮	丑 官祿宮	子 田宅宮	亥 福德宮（右弼）

◆代表星曜：左輔星、右弼星

◆所處宮位：遷移宮、福德宮

◆風水區域：休閒室、大門外

◆開運物品：魚缸、花草樹木的盆栽

農曆十二月生的朋友，今年在學習路上會得到很多支持，除了能力提升之外，因為學習遭遇到的挫折，也會因為親友的幫忙而破解。建議維持頭腦的思考運作，遇見任何問題直接向親朋好友詢問或請示意見，他們都能夠給出令你意想不到，甚至驚豔的答案。

右弼星若坐落在流年的福德宮，代表你會出現很多很棒的想法，不停創造出新的點子，藉此獲得更多的財富。當左輔星落在遷移宮時，代表今年的人脈財運必須向外追求，比如說出差、外調都可能為你帶來不小的財富。若有派遣到外地的機會，建議牢牢把握住，因為有可能在外地遇見讓你創業致富的貴人與機會，所以千萬不要拒絕。

風水強運法！

從居家風水上來看，福德宮代表休息室，建議擺放上魚缸，並且時刻保持乾淨，如此便能增進人脈和財運。至於遷移宮代表的位置則是大門外或落地窗前，這些地方不要堆積雜物，可以放上一些花草樹木的盆栽。

12月 血光運勢

巳 財帛宮	午 子女宮	未 夫妻宮	申 兄弟宮（天刑）
辰 疾厄宮			酉 本命宮
卯 遷移宮			戌 父母宮
寅 奴僕宮	丑 官祿宮	子 田宅宮	亥 福德宮

◆代表星曜：天刑星
◆所處宮位：兄弟宮
◆風水區域：客房
◆開運物品：亮色系壁紙、床單

在紫微斗數中，兄弟宮除了代表與親兄弟姊妹的關係和緣分之外，也象徵著與平輩表親、朋友以及同事的互動。

農曆十二月份生的人，今年天刑星坐落在兄弟宮，這代表的意思有很多：若你的兄弟姊妹年事已高，超過五、六十歲，代表他們的健康有可能會出問題，甚至需要開刀；而若是你的兄弟姊妹處於中年，則有可能會遇上血光之災或是官司纏身，而他們的這些厄運或許是因為和你爭吵、反目成仇所造成，你甚至會因為兄弟間的紛爭而導致負債。

若想要避免，平時多多關心兄弟姊妹的近況，善意提醒他們注意自身安全，多替對方設想、少一些不必要的爭執，就能夠躲開這些厄運。

風水強運法！

從居家風水上來看，兄弟宮代表的位置是客房，建議將房間的壁紙、床單更換成亮色系，如此就能夠化解不必要的血光或紛爭。

3 Chapter

從出生時辰看功名、破財

每個人都有求智慧財的好機會，只要從紫微斗數看你出生的時辰，就能夠得知你的智慧財落在哪個宮位，找到方法求取好功名！另外，這個章節也會告訴你今年是否有破財的危機，到底該如何避免好不容易獲得的錢財流失呢？一起來看看詹老師的講解吧！

從文昌星、文曲星看你雞年的功名前途在哪裡？

「文昌星」及「文曲星」是代表智慧財的兩顆星曜。
文昌星代表的是考試有成，影響你取得文憑、證照等；
文曲星則是代表與畫畫、雕刻、設計等與藝術有相關的部分，
而這兩顆星曜在流年中，都能夠為你帶來賺錢的好機會，
如果能夠掌握得宜，你的人生就能夠富貴連連。

當你得知這兩顆星坐落的位置，
就能知道該去何處尋求和智慧相關的人脈，
以及是否能得到文憑，考取功名！
文昌、文曲星等同於職業上的錢財來源，
可能是考取執照或者公務員的考試，
包括很多高考普考、律師、醫生等專精職業，擁有這些執照，
你就能跟著得到隨之而來的錢財，我將會一一告訴你，
這一年你的智慧好貴人以及好方向究竟在哪。

功名前途

子時、午時

23點至1點
11點至13點

巳 財帛宮	午 子女宮	未 夫妻宮	申 兄弟宮
辰 疾厄宮（文曲）			酉 本命宮
卯 遷移宮			戌 父母宮（文昌）
寅 奴僕宮	丑 官祿宮	子 田宅宮	亥 福德宮

◆代表星曜：文昌星、文曲星

◆所處宮位：父母宮、疾厄宮

◆風水區域：廁所、孝親房

◆開運物品：綠色植物、壁燈

聽取父母建議，事業就能有成

出生在子時與午時的人，今年文昌星跟文曲星坐落在父母宮與疾厄宮。簡而言之，若剛好要準備考試或是求取智慧，就必須要有父母的協助才會有好結果。父母給予的建議、替你設想的志願或是方向，都能替你帶來更好的前途。而父母也會不斷提供資源幫助你提升自我，所以今年是個能夠求取好功名的一年。同時，因為文曲星落在父母宮的緣故，會連帶拉抬運勢，使得他們的聲名大噪，若家裡有做生意會獲得大成功。

其次，文昌星落在疾厄宮，代表從你會從平時看過的書籍、或得到的知識了解身上的病痛主因，間接讓長久困擾的疾患獲得改善，甚至痊癒。所以今年是一個健康且能夠開好運、開智慧的一年，也有機會因為健康而獲得財富。有了健康就能夠求取到更多的智慧，兩者相輔相成，缺一不可。

風水強運法！

從居家風水來看，疾厄宮和父母宮分別代表廁所與孝親房，建議廁所要保持乾燥，再放一些綠色植物美化空間；而父母房間的壁燈應該常開，減少陰暗，讓光明照耀好運。

功名前途

丑時、巳時

1點至3點
9點至11點

考運亨通，所向無敵

出生在丑時跟巳時的人，今年的文昌、文曲星各落在本命與財帛宮，代表考運亨通、所向無敵，可以多報名參加考試，會獲得許多榮耀且也能考上很多證照或是資格。

若是已出社會的朋友，今年只要你努力爭取，必定會得到上司的硬許與肯定。其次，在賺錢方面，如果你有特殊的專業，可能是律師執照、醫生執照或是某種專業證照，這些過去累積的實力，都能讓你得到意料之外的驚喜及回報喔。

在這一年中，也許你有要進行一些考試，準備讓自己更上層樓，過去幾年沒考上的學校或是執照、資格，都能夠順利奪標，是個考運極佳的一年！你今年的頭腦特別清晰，無論哪種考試、申請什麼資格都難不倒你，更會因為悟性提高而藉機賺大錢。

風水強運法！

從居家風水來看，本命宮代表客廳，財帛宮則是廚房。可在廚房放置小盆栽，火木相生讓運氣更旺；客廳則是要保持整潔明亮，掛上山水畫讓好運源源不斷。

功名前途

寅時、辰時

3點至5點
7點至9點

◆代表星曜：文昌星、文曲星
◆所處宮位：兄弟宮、子女宮
◆風水區域：客房、後陽台
◆開運物品：魚缸、盆栽

子女光宗耀祖，事業投資增錢財

出生在寅時跟辰時的人，文昌星和文曲星分別坐落在兄弟姊妹宮和子女宮。代表若你已有子女，他們參加考試會得到好成績，若子女已經出社會，就有機會出人頭地並得到特殊榮耀、光宗耀祖！也可能是兄弟姊妹參加各種考試所向無敵，考什麼上什麼，只要有所努力，都會得到應有的榮耀跟文憑。

此外，子女能夠幫助你們的事業獲得偌大的成功，該適時地放手，全權交由他們管理了！有可能會有發大財的良機喔。或者，你也可能與兄弟姊妹相互扶持，大家一起團結一心，合力開創出前所未有的新局面。今年在事業方面會因為兄弟姊妹、朋友、子女而更加如魚得水，賺大錢。建議多聽聽兄弟姊妹或是子女、朋友的建議，就能獲得更多賺錢的機會。

風水強運法！

從居家風水來看，兄弟宮代表客房，子女宮則是後陽台。若家中無客房，也可以在客廳花點心思，建議放置魚缸增加人緣；後陽台需要保持清潔乾淨，且可以放些盆栽來提升好運跟生氣。

卯時

5點至7點

巳 財帛宮	午 子女宮	文昌 文曲 未 夫妻宮	申 兄弟宮
辰 疾厄宮			酉 本命宮
卯 遷移宮			戌 父母宮
寅 奴僕宮	丑 官祿宮	子 田宅宮	亥 福德宮

- ◆代表星曜：文昌星、文曲星
- ◆所處宮位：夫妻宮
- ◆風水區域：臥房
- ◆開運物品：山水畫

事業要成功，伴侶給建議

卯時出生的人，文昌、文曲星一起坐落在夫妻宮。過去，若伴侶面臨升學、考試、考績等壓力，或是為了養家活口，深陷升遷選拔的煩惱，今年的你們將不用再擔心這些問題！文昌文曲星落在夫妻宮，代表伴侶會考試有成、順利得到想要的文憑，或是得到很多代理機會，事業扶搖直上。

或許，也可能是你遇到很多無法突破的事情，或是思緒上遇到障礙，這時應向伴侶尋求建議，他們都會給你最好的答案與支持，一語驚醒夢中人，讓你輕易突破問題點，並且更上層樓。若你現在仍是單身，建議可以多看點書，累積不同的知識，當你飽讀詩書之後好桃花自然而然會出現在身旁。

風水強運法！

從居家風水來看，夫妻宮代表的位置是臥房。臥房需要保持整潔明亮，若有毀損必定要處理乾淨，可換上漂亮的壁紙、掛一幅山水畫，就能使口角減少、好運源源不斷。

功名前途

未時、亥時

13點至15點
21點至23點

巳 財帛宮	午 子女宮	未 夫妻宮	申 兄弟宮
辰 疾厄宮			酉 本命宮
卯（文昌） 遷移宮			戌 父母宮
寅 奴僕宮	丑 官祿宮	子 田宅宮	亥（文曲） 福德宮

◆代表星曜：文昌星、文曲星
◆所處宮位：遷移宮、福德宮
◆風水區域：大門外和落地窗、休閒室
◆開運物品：盆栽、花卉圖

假日多多外出，遇貴人好運多

未時和亥時出生的人，今年的文昌、文曲星坐落在遷移宮與福德宮，代表你的興趣會特別廣泛，且學習能力會比以往更加提升，不需憂愁吃穿，是個能夠好好享受的一年。今年的你擁有極佳的判斷力，可以讓事業成功，不但能讓你賺大錢，相對地物質方面也十分享受。

在這一年當中，你的文昌星落在遷移宮，代表若是異地求學考試的人，能夠考運亨通、每考必上榜；如果你深陷考試的痛苦之中，或許能試試到外地報名考試，就能讓考運變好。今年的你適合多多到外地旅遊、到處增廣見聞，不但可以增加智慧財，也能替你提升不少考運跟財運喔！因此，今年有空的時候，就安排假日出外踏青吧。

風水強運法！

從居家風水來看，遷移宮代表的位置是大門外和落地窗，不可堆放太多無用的雜物，需要保持整潔，可在大門外或是落地窗放置盆栽，提升好運氣。福德宮代表的休閒室則可放置花卉圖像，象徵才華綻放。

功名前途

申時、戌時

15點至17點 19點至21點

巳 財帛宮	午 子女宮	未 夫妻宮	申 兄弟宮
辰 疾厄宮			酉 本命宮
卯 遷移宮			戌 父母宮
寅 奴僕宮（文昌）	丑 官祿宮	子 田宅宮（文曲）	亥 福德宮

◆代表星曜：文昌星、文曲星

◆所處宮位：奴僕宮、田宅宮

◆風水區域：走道與樓梯間、餐廳

◆開運物品：貴人的合照、水果

放下身段不吝請教，各方運勢都能提升

申時與戌時出生的人，文昌、文曲星分別落在奴僕宮與田宅宮。代表當你的學業或是事業受到阻礙時，要謙卑、不恥下問地向部屬、學弟學妹或是社會地位比你低的人請教。拋開既定印象，藉由晚輩的指點就可以讓你事業與健康，各方面的危機都減低。

今年，你對於買賣房地產這方面，會有特別好的判斷力，若有意要購屋者可選在今年購買，有可能還會得到出乎意料的驚喜喔！今年家中會有不少喜事，建議可改變裝潢或擺飾風水，以此讓運氣更加提升。在事業上，會得到不少朋友的提攜與建議，一定要接納，給予肯定和信任。這些朋友將會是你今年最大的助力，要好好維持關係，抱持著感謝之心。

風水強運法！

從居家風水來看，奴僕宮代表的是走道與樓梯間，記得不可堆積雜物，並掛上貴人合照增加好運。田宅宮代表餐廳，建議換上新且材質好的桌椅，並在桌子上放置五色水果，帶來更好運勢。

功名前途

酉時

17點至19點

巳 財帛宮	午 子女宮	未 夫妻宮	申 兄弟宮
辰 疾厄宮			酉 本命宮
卯 遷移宮			戌 父母宮
寅 奴僕宮	丑 官祿宮（文曲、文昌）	子 田宅宮	亥 福德宮

◆代表星曜：文昌星、文曲星
◆所處宮位：官祿宮
◆風水區域：辦公室
◆開運物品：財神天珠

賺錢忙碌年，貴人相扶持

酉時出生的人，文昌、文曲星一同坐落在官祿宮，代表今年無論你參加任何考試，一定會成功；若要衝刺事業，則會遇見不少貴人扶持，內心有任何願望都會實現。

在職場上，你會因為某些企劃、報告書，獲得上司賞識且深受各方好評，除了獲利外也能得到好名聲，還會因為這些好名聲而連動未來事業的大良機。今年的你會身兼數職，雖然較為勞累，但領悟力也因此變得更高，會遇到許多同行的貴人來支持你。

在這新的一年當中，你的身上會帶有很多業務、經營很多權利事業，也有機會被升官；若你仍是學生，則會考運亨通，學業也會遇見貴人幫助你提升智慧，是個運勢非常好的一年。

風水強運法！
從居家風水來看，官祿宮代表辦公室，桌面必須保持整齊，不可堆放太多無用的雜物，建議可在辦公桌擺放財神天珠，使運氣更加提升！

從天空星、地劫星看你雞年如何避免破財？

與代表財運的祿存星相反的「天空星」和「地劫星」，
是紫微斗數裡掌管與「破財」相關的兩顆星曜。
我們會從你出生的時辰來找出破財的原因，
並提出如何避免及破解的辦法。

天空星代表的是迅雷不及掩耳的破財，
往往在你不注意的時候，錢財就這樣迅速流失，
它同時也與人際關係之間的互動有關。
而地劫星代表的則是因為本身不好的習慣，
而慢慢積沙成塔的破財，像是每個月固定花錢購買幾件新衣，
導致存款簿上的數字都沒有增加。

若能夠找出他們所在的位置，就能知道他對你帶來的影響，
想辦法提前預防，有效減少你所流失的錢財，固好你的荷包！

破財運勢

子時

23點至1點

巳 財帛宮	午 子女宮	未 夫妻宮	申 兄弟宮
辰 疾厄宮			酉 本命宮
卯 遷移宮			戌 父母宮
寅 奴僕宮	丑 官祿宮	子 田宅宮	亥 福德宮（天空、地劫）

◆代表星曜：天空星、地劫星

◆所處宮位：福德宮

◆風水區域：工作室或休閒室

◆開運物品：魚缸

物質水準提高，投資判斷需小心

子時出生的人，今年的天空星、地劫星落在福德宮。福德宮代表的是興趣、思緒、智慧與判斷，所以當一快一慢的天空、地劫星坐落在此位時，會令福德宮產生錯亂，造成不少令人扼腕的失誤。

喜的是，在這新的一年你可以吃穿不愁，獲得比以前更好的物質享受；但憂的是，你極有可能會因為判斷錯誤，被人盜用公款、聽信謠言亂買股票，或者借錢給別人亂投資等，而形成一個因為一時的錯誤判斷，造成無法彌補的破財狀況。因此，我建議你不要隨意聽信他人的建議，以免做出不理想的決定，不如將金錢多多投資在自己身上，報酬率還比較高，也不會眼睜睜地看著錢財飛走。

風水強運法！

從居家風水來看，福德宮代表工作室或休閒室，建議擺放具有生命力的魚缸，讓錢財隨著魚游動的水流跟著活絡，但需有進有出，才不會形成一灘死水。

破財運勢

丑時、亥時

1點至3點
21點至23點

孝順之道必遵從，破財漏財能避免

丑時與亥時出生的人，今年你的天空星落在父母宮，地劫星則是落在田宅宮。地劫星落在田宅宮，代表家裡可能會遭宵小入侵，或是水電、家具等，突然耗損而導致破財，這是你今年的第一種破財。

父母在這新的一年，會要求你付出的資源比過去更多，可能是希望你多多帶他們出去玩、吃點美食、買買衣服，甚至是要求你出資，幫忙改變居家裝潢、擺設。要多注意居家風水是否有破財危險，父母的健康也需時刻叮嚀，以免會流失更多金錢。而第二種破財是朋友們可能跟你借錢，借錢給朋友不是不行，但要當心，借出去的錢很有可能會有去無回。若想要破解，唯一的方法就是：在事件還未發生之前，就先自行繳清房貸，或者更換老舊家電、重新裝潢。

風水強運法！

從居家風水來看，田宅宮和父母宮分別代表餐廳與孝親房，建議擺放牡丹畫，聚積好運勢，也可在餐桌上放置五色水果。

破財運勢

寅時、戌時

3點至5點
19點至21點

◆代表星曜：天空星、地劫星
◆所處宮位：本命宮、官祿宮
◆風水區域：客廳、辦公室
◆開運物品：山水畫、紫水晶洞

留意職場風水，補起破財漏洞

寅時與戌時出生的人，今年的天空星落在本命宮，地劫星落在官祿宮，必須特別注意，你有可能會遇見兩個危機。

第一個危機是可能會突然感覺孤單落寞，或者與朋友失和、愛情遠離，也或許是與往常熟稔的家人疏遠等情感狀況；第二個危機則是會有揮霍無度、破財連連、東賺西花、金錢拮据等狀況。

如果你已經出社會，將會因為職場上的投資，面臨到大失敗的可能，唯有靠職場風水調整，才能夠把這個破財漏洞補起來，否則錢財會愈來愈遠離，且可怕的是，你會不斷破財。建議可以藉由買賣廠房或辦公室，將某些停滯的資產轉為流動的現金，就可以破解不必要的破財危機。

風水強運法！

從居家風水來看，本命宮代表客廳、官祿宮則是辦公室。客廳需避免壁癌狀況，加掛幾幅山水畫；並在辦公室擺放紫水晶洞，就能使運氣提升。

破財運勢

卯時、酉時

5點至7點
17點至19點

巳 財帛宮
午 子女宮
未 夫妻宮
申 兄弟宮 天空
辰 疾厄宮
酉 本命宮
卯 遷移宮
戌 父母宮
寅 奴僕宮 地劫
丑 官祿宮
子 田宅宮
亥 福德宮

◆代表星曜：天空星、地劫星
◆所處宮位：兄弟宮、奴僕宮
◆風水區域：客房、居家走道與樓梯間
◆開運物品：貴人合照

少與小人交際，以免錢財流失

卯時與酉時出生的人，今年的天空星坐落在兄弟宮、地劫星則是坐落在奴僕宮。代表你容易因為交友不慎，導致小人連連逼近，今年的你雖然愛交朋友，但卻多半識人不清。另一方面，你的很多老朋友會有變動，長久熟識的同學、鄰居、隔壁的同事等，他們在會因為某些因素離你遠去，也許是結婚移民，或是留學，也可能是工作外調遷移等。

我必須再次提醒，不要借錢給朋友們，因為這筆錢將會有去無回，甚至影響到你個人的資金周轉。今年朋友遠離、兄弟無緣，若要解除破財危機，你需習慣一個人單獨行動，儘量減少和朋友不必要的聚會、出遊的機會等，就能減少破財的危機，否則可能會因為朋友有難而被拖累。

風水強運法！
從居家風水來看，兄弟宮代表客房，奴僕宮則是走道與樓梯間，不可堆積雜物，壁燈也要經常打開，好讓光明照耀好運，建議在牆掛上與貴人的合照，增加人脈及錢脈。

破財運勢

辰時、申時

7點至9點　15點至17點

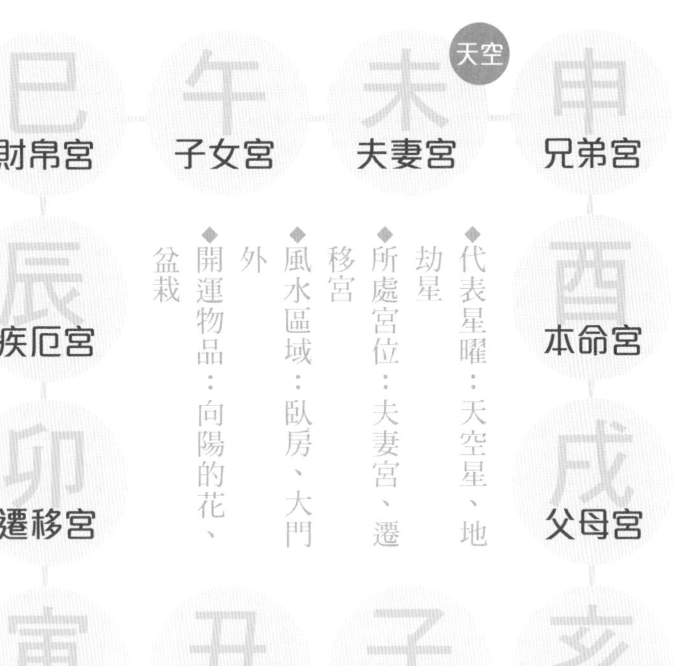

避免造訪異地，減少破財危機

辰時與申時出生的人，今年的天空星落在夫妻宮，地劫星落在遷移宮。代表若到外地出遊，容易破財，輕則自己遺失物品，重則錢財被偷被搶。若今年想出外投資，有可能會血本無歸，建議三思而後行。破解破財危機的唯一方法是：將你的錢財全數交給配偶，配偶若會理財，就可以幫助你避開破財，甚至還替你賺些小財喔！但要注意，如果你的配偶是位會賭博的人，你交給他的錢也會有去無回。

今年的你可能會跟另一半聚少離多、各自東西，需要多多關心他，以防你們的感情出現裂痕。建議多待在家鄉或是居住地，盡量減少往返外地的機會，不但能維持情感，也能避免漏財。

風水強運法！

從居家風水來看，夫妻宮代表的位置是臥房，遷移宮則是大門外。臥房的家具若有毀損需儘快處理，建議掛上山水畫，使好運常來。大門外則不可堆放太多雜物，建議放置花朵盆栽。

破財運勢

巳時、未時

9點至11點
13點至15點

子女投資需注意，親子關係須拿捏

巳時與未時出生的人，天空星落在子女宮，地劫星則落在疾厄宮。今年的破財都是和健康有關，是個破財養命的好年。

你有可能會因為健康意識提升，而不斷地買補品養生、花錢請人按摩，將你的錢財花費在任何對身體健康有益的投資上。不過，健康就是財富，因此這樣的破財其實是好的，不要吝嗇於自己。

然而，若今年子女想要投資，千萬記得不要讓子女住在家裡，否則今年你們會因為這筆投資而破大財。要如何花錢在子女身上，是你今年最大的功課，必須拿捏得宜，才能讓你的健康和親子關係都更好。

風水強運法！

從居家風水來看，子女宮代表的位置是後陽台，疾厄宮則是廁所。後陽台千萬不可堆積垃圾，建議放些盆栽來提升生氣。而廁所要保持乾燥，再放一些綠色植物和四季圖畫來美化空間。

破財運勢

午時

11點至13點

巳 財帛宮（天空、地劫）	午 子女宮	未 夫妻宮	申 兄弟宮
辰 疾厄宮			酉 本命宮
卯 遷移宮			戌 父母宮
寅 奴僕宮	丑 官祿宮	子 田宅宮	亥 福德宮

◆代表星曜：天空星、地劫星
◆所處宮位：財帛宮
◆風水區域：廚房
◆開運物品：小盆栽

容易流失錢財，避免坐一望二

午時出生的人，今年的天空星、地劫星一起落在財帛宮，顧名思義就是：即便有再多的錢入你的口袋，都會因為你無窮的欲望而全部流失，主動與被動破財的狀況會接二連三一起到來。

今年的你不適宜賺大錢或是大投資，這些賺錢的想法很有可能會造成你錢財周轉失靈、投資失敗。尤其，今年財運特別不好，求財不得，千萬不要想一步登天，參與賭博，否則只會愈賭愈窮。

如果想要化解這個破財危機，除了努力控制自己的賺錢欲望、物質欲望外，建議可以破點小財，如捐善款、買禮送親朋好友等，來降低破大財的可能。

風水強運法！
從居家風水上來看，財帛宮代表的位置則是廚房。可以在廚房放置一些小盆栽，火木相生好讓運氣更旺，並彌補垃圾、雜物等帶來的壞風水。

4 Chapter

從農曆出生年尾數看貴人、財運、疾厄

想知道今年你的貴人在哪裡？錢財該從哪裡累積？如果有疾病纏身的狀況又該如何避免嗎？這個章節，詹老師用各個出生年的尾數來精算，算出每個人的對照流年！只要找出屬於自己的出生年份，就能夠輕鬆了解你的雞年運勢囉！

從天魁星、天鉞星看你雞年的貴人在哪裡？

貴人運，是我們每個人都希望盼得的好運。
是否常覺得時運不順、幸運之神都無法降臨呢？
那是因為你沒有掌握好自己的運勢的緣故。
在紫微斗數裡總共有分成幾種貴人，
而「天魁星」與「天鉞星」代表的是年長貴人，
可能是上司、長輩、任何年紀比你大的朋友等。

大家都有天魁星與天鉞星的貴人，
只是出現的地方不同，
我將利用今年雞年的流年命宮命盤的轉動，
從出生年的尾數來告訴你，你的貴人都藏在哪！
就能避免遇到挫折時，茫然無措、找不到貴人的狀況；
教你如何獲取機會，將所有的貴人一把抓，
創造雙贏的局面。

貴人運勢

出生年尾數3、7、9

巳	午	未（天鉞）	申
財帛宮	子女宮	夫妻宮	兄弟宮
辰			酉
疾厄宮			本命宮
卯			戌
遷移宮			父母宮
寅	丑（天魁）	子	亥
奴僕宮	官祿宮	田宅宮	福德宮

◆代表星曜：天魁星、天鉞星
◆所處宮位：官祿宮、夫妻宮
◆風水區域：主臥房、辦公室
◆開運物品：亮色系床單、好書

職場受上級推崇，工作如魚得水

你的農曆出生年尾數3、7、9（西元年尾數4、8、0）的人，天魁星跟天鉞星坐落在官祿宮與夫妻宮，表示職場上會受到老闆、客戶的推崇，也可能因為朋友的力挺而得到升官的機會。若今年有預計要參加考試的人，考運值得期待。

在這新的一年，你將會有事業上的貴人出現，讓你在職場更加如魚得水！這位貴人可能是資深同事、勢力龐大的客戶，或是非常欣賞你的老闆等，皆有可能。除了這件喜事外，還會有另一件值得祝賀的喜事出現。若你是單身，會因為長輩的介紹，認識好對象而結婚；若你已婚，則會因為另外一半的幫助，讓你的貴人運氣更上層樓，是個雙喜臨門的一年。

風水強運法！

從居家風水來看，夫妻宮代表主臥房，除了要保持良好通風，建議要換上顏色比較鮮豔的亮色系床單，臥房看起來明亮，財運自然高漲。官祿宮代表辦公室，可放幾本充滿正面力量或是智慧的好書。

出生年尾數4、8

巳 財帛宮	午 子女宮	未 夫妻宮	申 兄弟宮（天鉞）
辰 疾厄宮			酉 本命宮
卯 遷移宮			戌 父母宮
寅 奴僕宮	丑 官祿宮	子 田宅宮（天魁）	亥 福德宮

◆代表星曜：天魁星、天鉞星

◆所處宮位：田宅宮、兄弟宮

◆風水區域：餐廳、客房

◆開運物品：水果、市集圖

家族喜事連連，兄弟姊妹帶貴人

農曆出生年尾數4、8（西元年尾數5、9）的人，天魁星跟天鉞星坐落在田宅宮與兄弟宮，表示在家中會有與兄弟相爭，但是父母相挺的狀況；或是家裡發生衝突時，貴人會出現幫助化解的情況。這代表今年無論你碰到什麼事，都能夠逢凶化吉。如果有打算買賣房地產，將大大獲利，或是繼承家產有成，是個行好家運的一年，家裡喜事連連，兄弟姊妹都會考運亨通。

人脈方面，對你來說也是個兄弟姊妹力挺、人脈增廣的好年，建議多與親友的朋友交流，因為你的貴人將是他們身邊的朋友之一，假日有空閒時多和他們一起參與戶外活動或是聚會吧！極可能遇見你今年的大貴人。

風水強運法！

從居家風水來看，田宅宮代表餐廳，建議桌子上放置五色水果，可帶來更好的運勢。兄弟宮代表的區域則是客房，建議可以在客房放置市集圖（如清明上河圖）增加人緣。

貴人運勢

出生年尾數5、6

財帛宮	子女宮	夫妻宮	兄弟宮
疾厄宮			本命宮（天鉞）
遷移宮			父母宮
奴僕宮	官祿宮	田宅宮	福德宮（天魁）

◆代表星曜：天魁星、天鉞星
◆所處宮位：福德宮、本命宮
◆風水區域：休閒室、客廳
◆開運物品：花卉圖、山水畫

事事順心如意，假日多與長輩外出

出生年尾數5、6（西元年尾數6、7）的人，今年你的天魁星跟天鉞星坐落在福德宮與本命宮，表示今年是個增福增壽，物質會獲得最大享受的一年。想要什麼就能得到什麼，學習能力會突飛猛進，智慧也會跟著增長，更會遇到貴人扶持，得到好運氣，就連賺錢人脈方面也會得到不少提攜喔！

今年這一年，你遇上任何事情都能夠順心如意，就算有苦難跟災難，也能夠迎刃而解、化兇為吉。建議有空閒時不要光待在家發呆，可以多與年長者、資歷高或是有學問才華的人接觸，可一同出外遠行或是參與聚會，因為他們才是你今年真正的貴人。

風水強運法！

從居家風水來看，福德宮代表的區域是休閒室、本命宮代表的位置則是客廳。休閒室可放置漂亮的花卉圖像，象徵才華綻放；客廳則要保持整潔明亮，若有壁癌務必要修整好，再掛上山水畫就夠使好運源源不斷。

出生年尾數0

巳 財帛宮	午（天魁） 子女宮	未 夫妻宮	申 兄弟宮
辰 疾厄宮			酉 本命宮
卯 遷移宮			戌 父母宮
寅（天鉞） 奴僕宮	丑 官祿宮	子 田宅宮	亥 福德宮

◆代表星曜：天魁星、天鉞星
◆所處宮位：子女宮、奴僕宮
◆風水區域：後陽台、走道與樓梯間
◆開運物品：盆栽、貴人的合照

生兒育女有機會，平輩晚輩是貴人

出生年尾數0（西元年尾數1）的人，天魁星跟天鉞星坐落在子女宮與奴僕宮，代表若是單身者，會因為貴人扶持使生兒育女的機會大大提升；若是不孕症的患者，則可藉由風水調整，或是醫生的幫助而順利懷孕喔！如果你年事已高，兒孫們會為家中帶來好消息，你可能會因為兒孫得到殊榮而與有榮焉。今年對你來說，重要的目標之一是與孩子的互動，親子關係會影響你的運氣，關係愈佳運氣愈好，甚至會帶來好的財運。

此外，你今年必須對身邊的部屬、晚輩、們更加關心照顧，對他們更好是有好處無壞處的！因為他們是你今年的貴人，你會需要藉由他們的人脈，使你的事業更上層樓。

風水強運法！
從居家風水來看，奴僕宮代表走道與樓梯間，不可讓雜物阻礙通道，建議在牆掛上與貴人的合照，近貴得貴，增加人脈及錢脈。子女宮代表後陽台，放些盆栽加添運氣。

貴人運勢

出生年尾數1、2

巳 財帛宮 (天鉞)	午 子女宮	未 夫妻宮	申 兄弟宮
辰 疾厄宮			酉 本命宮
卯 遷移宮 (天魁)			戌 父母宮
寅 奴僕宮	丑 官祿宮	子 田宅宮	亥 福德宮

◆代表星曜：天魁星、天鉞星

◆所處宮位：遷移宮、財帛宮

◆風水區域：大門外和落地窗、廚房

◆開運物品：盆栽、綠色植物

外地遇貴人，有空多外出

出生年尾數1、2（西元年尾數2、3）的人，天魁星跟天鉞星坐落在遷移宮與財帛宮，表示若你需要遠行外出，或是出差到外地工作，將有機會遇見或得到讓你事業達到巔峰的可能。

若是公司外派出差，只要有你帶領晚輩，就能夠所向無敵、一馬當先，並且能夠創造出事業跟收入的奇蹟。在外地也會遇見貴人，他會因為你擁有與別人不同的能量及智慧，而無條件資助你，你也能替他賺進更多的錢，獲得雙贏。

所以今年千萬不要故步自限，能夠出門就多出門，才能夠遇見更多的好機會與貴人，讓你的事業以及錢財愈來愈好。

風水強運法！

從居家風水來看，遷移宮代表大門外和落地窗，不可堆放太多無用的雜物，可以放置一些盆栽，來提升好運氣。而財帛宮代表的位置則是廚房。可以在廚房放置一些綠色植物，火木相生好讓運氣更旺。

從祿存星看你雞年的財運在哪裡？

與財運有關的「祿存星」，
只要看它坐落在哪個宮位，
就能得知雞年你會從哪裡獲得發財的機會。
「祿存」兩字代表的是「錢財存在」的意思，
新的一年到臨，每個人都會有想要發財的念頭，
但若找錯發財的方向或是沒有把握住機會，
結果只會徒勞無功。

接下來我會根據每個人出生的年份來破解，
並告訴你在雞年如何發財的方法，
這樣一來，
就可以事半功倍地賺到你理應該獲得的錢財、
尋找到你真正的財神究竟在哪，
避免錯失上天給你的好財運。

財運

出生年尾數3

巳 財帛宮	午 子女宮	未 夫妻宮	申 兄弟宮
辰 疾厄宮			酉 本命宮
卯 遷移宮			戌 父母宮
寅 奴僕宮（祿存）	丑 官祿宮	子 田宅宮	亥 福德宮

◆代表星曜：祿存星
◆所處宮位：奴僕宮
◆風水區域：樓梯間、走道
◆開運物品：貴人合照

發財不能靠自己，藉由友人來幫忙

出生年尾數3（西元年尾數4）的人，你的祿存星坐守在今年的奴僕宮，也就是說發財不能夠只靠自己，必須和別人團結一致、打團體戰才能夠財源滾滾來，要跟別人合夥結盟或是借力使力，來增加自己的財源。

今年這一年，你要藉由朋友、部屬或是晚輩的發財，才能在這一年中有獲利的空間，事業上有些事項或是業務，建議直接請下屬代勞即可，他們的表現將遠遠超乎你的想像，並為你帶來獲利。

因此，只要你給他們適當的自主權、適當的信任，那麼他們將會在這一年當中替你開拓出難以預期的好財源喔！

風水強運法！

從居家風水上來看，奴僕宮代表的是樓梯間或是走道，建議在牆上掛一些吉祥畫或合照，有了好人氣就能增加人脈及錢脈。但注意不可堆積雜物，並須時時保持乾淨。

出生年尾數4

巳 財帛宮	午 子女宮	未 夫妻宮	申 兄弟宮
辰 疾厄宮			酉 本命宮
卯 遷移宮（祿存）			戌 父母宮
寅 奴僕宮	丑 官祿宮	子 田宅宮	亥 福德宮

◆代表星曜：祿存星
◆所處宮位：遷移宮
◆風水區域：大門外和落地窗
◆開運物品：盆栽

財神在外地，勿守株待兔

出生年尾數4（西元年尾數5）的人，你的祿存星坐落在遷移宮，代表若你今年想要賺大錢，千萬不要只坐守在出生地或是故鄉，要勇往直前、馬不停蹄地到處奔波、尋找財源，才能找到你的財神爺，因為他正在異地跟你招手，要你在外地求財源，所以今年想賺錢的話不要守株待兔，要勇於冒險！

若你有到外地出差、出外留學等機會，都要好好把握，因為當你一踏出本地，財神爺就帶著你的財運隨之而來囉！包括進貨、出貨或是廠商客戶，都儘量要以「外地」為原則，可能是非本地的廠商，也可能是國外的客源，這些都是財神爺給你的線索，只要能把握住，事業除了會蒸蒸日上之外，錢財也會滾滾而來啦！

風水強運法！
從居家風水來看，遷移宮代表大門外和落地窗，不可堆放太多無用的雜物，需要保持整潔明亮，可在大門外、落地窗等處放置盆栽，提升好運氣。

財運

出生年尾數5、7

巳	午	未	申
財帛宮（祿存）	子女宮	夫妻宮	兄弟宮
辰 疾厄宮			酉 本命宮
卯 遷移宮			戌 父母宮
寅 奴僕宮	丑 官祿宮	子 田宅宮	亥 福德宮

◆代表星曜：祿存星
◆所處宮位：財帛宮
◆風水區域：廚房
◆開運物品：鹽燈

財源廣進，用錢滾錢

今年，你的出生年尾數是5、7（西元年尾數6、8）的人，祿存星是坐落在流年的財帛宮，代表「錢滾錢」，而有錢，當然就好辦事啦！所以今年對你來說，會是個財源廣進的好年。可能會有人找你投資，如果機會來了，不要膽怯，勇敢地嘗試吧！不但新的投資能夠獲利，甚至就連原本有點賠錢的投資生意，也會創造奇蹟，得到突如其來的意外之財，是個能夠不斷創造賺錢好機會，怎麼投資都能獲利的好年。

今年因為財神爺的眷顧，除了收入會提升之外，業績也會蒸蒸日上，金錢投資方面會有貴人幫忙而獲利頗豐；在職場上，你也能夠大肆拓展業務，使進貨出貨的量大幅增加，成為業績最好的那位。

風水強運法！
從居家風水上來看，財帛宮代表的位置則是廚房。可以在廚房放置鹽燈或換上紅色圖案的磁磚，並將油垢清乾淨，財運才能更旺。

出生年尾數6、8

巳 財帛宮	午 子女宮（祿存）	未 夫妻宮	申 兄弟宮
辰 疾厄宮			酉 本命宮
卯 遷移宮			戌 父母宮
寅 奴僕宮	丑 官祿宮	子 田宅宮	亥 福德宮

◆代表星曜：祿存星
◆所處宮位：子女宮
◆風水區域：後陽台
◆開運物品：盆栽

子女帶財，財運亨通

出生年尾數6、8（西元年尾數7、9）的人，你的祿存星坐落在今年流年的子女宮，若你剛新婚不久，打算懷孕或者已懷孕，有可能會因為生兒育女，而獲得不少錢財，可能是長輩們給的紅包，或者是孩子帶財，得到各種賺錢機會；若你年事已高，則是兒女會升官發財，並和你分享財富，抑或是子女個人的事業有成而財運亨通。

今年是投資子女事業的好時機，有了你的支援，他們的事業有機會由負轉正、由賠轉盈。如果是家族事業，能藉由兒女來創造事業的巔峰，可以試著毫無顧忌、全心全意地讓子女幫你理財，或者給你投資建議吧！他們將帶給你更多獲利。另外，若有考慮將事業承繼給子女，今年會是時機最好的一年。

風水強運法！
從居家風水來看，子女宮代表的區域是後陽台。不可在後陽台堆積垃圾或是雜物，需要保持清潔乾淨，放些盆栽來提升好運跟生氣吧。

財運

出生年尾數9

財帛宮	子女宮	夫妻宮	兄弟宮（祿存）
疾厄宮			本命宮
遷移宮			父母宮
奴僕宮	官祿宮	田宅宮	福德宮

◆代表星曜：祿存星

◆所處宮位：兄弟宮

◆風水區域：客房

◆開運物品：山水市集圖、合照

兄弟貴人扶持，左右都逢源

你的農曆出生年尾數是9（西元年尾數0）的人，祿存星坐落在雞年流年的兄弟宮，代表會有人找你合夥入股、合作事業或是和你收買股票，這是你可以考慮的賺錢機會喔！你將會因為朋友兄弟的大力支持，以及貴人相扶持讓事業更上層樓。

或者你會得到朋友貴人的牽引介紹，使你在錢財、業務、事業等財務方面如虎添翼，遇見左右逢源的好財源；或是因為朋友好康道相報，得知賺錢的好訊息，默默地累積不少財富。財運重點是「兄弟姊妹、親朋好友」，他們是你今年的財神貴人！如果想賺錢或是開創新事業，可以找他們一起合作幫忙，朋友們會義不容辭地幫你，而他們的幫助就能夠帶給你更好的運氣！

風水強運法！

從居家風水來看，兄弟宮代表的區域是客房。可於客房內放上山水市集畫，或者擺放與兄弟姊妹的合照，提升貴人運氣讓財路更暢通。

出生年尾數0

巳 財帛宮	午 子女宮	未 夫妻宮	申 兄弟宮
辰 疾厄宮			酉 本命宮（祿存）
卯 遷移宮			戌 父母宮
寅 奴僕宮	丑 官祿宮	子 田宅宮	亥 福德宮

◆代表星曜：祿存星
◆所處宮位：本命宮
◆風水區域：客廳
◆開運物品：山水畫

財位在本命，吃穿都不愁

你的出生年尾數是0（西元年尾數1）的人，恭喜啦！祿存星坐落在流年的本命宮，代表你本身就是一位財神爺，今年你將可以財源廣進、樣樣都能夠獲得滿足。

今年的你絕對不窮，錢包將會賺得飽飽的，不但吃穿不愁、做生意必定獲利，且人際關係愈來愈好，甚至桃花也會層出不窮，是個獲利頗豐的一年。而若你在這一年當中有兼職或是身兼數職，也都能夠獲得非常好的回報及錢財喔！

因為祿存星在命宮的關係，你也能夠成為別人的財神貴人，你的存在將會帶給身邊親人以及好朋友更好的運氣和財源，大家都會爭先恐後地想要親近你。

風水強運法！

從居家風水來看，本命宮代表的位置是客廳，要保持整潔明亮，若有壁癌務必要修整好，並掛上山水畫，就夠使好運源源不斷囉。

財運

出生年尾數1

巳 財帛宮	午 子女宮	未 夫妻宮	申 兄弟宮
辰 疾厄宮			酉 本命宮
卯 遷移宮			戌 父母宮
寅 奴僕宮	丑 官祿宮	子 田宅宮	亥 福德宮（祿存）

◆代表星曜：祿存星
◆所處宮位：福德宮
◆風水區域：工作室或休閒室
◆開運物品：魚缸

才華獲肯定，潛力被發掘

出生年尾數1（西元年尾數2）的人，你的祿存星坐落在今年流年的福德宮，代表在這一年當中你有機會得到很多智慧財。可能是你的才華或者作品被大受肯定，獲得非常多的榮譽跟名利，甚至於會因為獲獎而聲名大噪，讓更多人知道你或你的品牌。

今年對你來說，是個只要有才華就一定能夠賺錢的一年，只要賺到錢，就能夠獲得你想要的生活，吃穿不愁，如果是單身的朋友，你也可能有意想不到的豔福。

若是本身還沒有特別才華或是還沒有找到想做的事的朋友，也不需要太過於沮喪，只要你願意花心力去培養，那麼今年都有機會開發出你令人意想不到的潛力喔！

風水強運法！

從居家風水來看，福德宮代表工作室或休閒室，建議可在放置具有生命力的魚缸，放八分滿的水好讓錢財隨著魚游動的水流跟著活絡。

財運

出生年尾數2

巳 財帛宮	午 子女宮	未 夫妻宮	申 兄弟宮
辰 疾厄宮			酉 本命宮
卯 遷移宮			戌 父母宮
寅 奴僕宮	丑 官祿宮	子 田宅宮 	亥 福德宮

◆代表星曜：祿存星
◆所處宮位：田宅宮
◆風水區域：餐廳
◆開運物品：水果

房屋土地財，有獲利空間

出生年尾數是2（西元年尾數3）的人，你的祿存星坐落在流年的田宅宮，代表今年不管是土地房屋的買賣、房屋的租賃，抑或是增添家電家具，甚至是居家裝潢等，這些關於「住、房、土地」的更動，都會有獲利和帶來財運的機會。

今年，可能會得到父母或是配偶餽贈給你的房子，也有可能是換屋獲利時，得到更好的房子，甚至於會有以房換房的機會等。今年只要與房子、土地有關的交易或是投資，你都能夠因此發財，也會獲得不小的利益。

如果有想進行買房賣房、土地交易的朋友，在今年只要看準時機，就別猶豫不決！你將可能有意料之外的好結果喔！

風水強運法！

從居家風水來看，田宅宮代表餐廳，建議餐廳可以換上新且材質好的桌椅，並在桌子上放置五色水果，便可帶來更好的運勢。

從羊刃星、陀羅星看你雞年的疾厄在哪裡？

通常，說到與血光有關的是「天刑星」，
但也有另兩個星曜是我們需要留意的，
那就是跟災難有關的「羊刃星」與「陀羅星」。
這兩顆星一樣是從出生的年份來查找。
只要找到它們所對應的流年位置，
我們就可以知道在雞年會遇到糾葛麻煩或是官司困擾的原因。

羊刃星代表的是突然出現、發生的麻煩災難，
而陀羅星代表的則是因為生活的壞習慣，慢慢累積的惡性災難，
若是事態嚴重也可能會帶來死亡，不可輕忽。
所以除了告訴你可能會遇見的災難以及災難在哪之外，
也會教你該如何預防、避免壞事的發生，還有破解的方法。

出生年尾數3

巳 財帛宮	午 子女宮	未 夫妻宮	申 兄弟宮
辰 疾厄宮			酉 本命宮
卯 遷移宮（羊刃）			戌 父母宮
寅 奴僕宮	丑 官祿宮（陀羅）	子 田宅宮	亥 福德宮

◆代表星曜：羊刃星、陀羅星

◆所處宮位：遷移宮、官祿宮

◆風水區域：大門外、辦公室

◆開運物品：盆栽、紫水晶洞

今年避免遠行，職場相忍為上

出生年尾數3（西元年尾數4）的人，今年你的羊刃星與陀羅星坐落在流年的遷移宮及官祿宮，我要提醒你兩件重要的災難，需要特別謹慎。首先是出外會特別容易跌倒受傷、大小血光，或是有官司刑求纏身。若需要遠行到外地，建議找貴人一同前往，就可閃避災難。有空閒時，多去廟裡祈求平安，讓自己避開不必要的血光之災。

其次因為陀羅星在官祿宮，你今年在職場上可能會有明顯的格格不入感。主要是因為你自身的堅持及理念，所以當處事者或長官的想法跟你相違背時，就可能會產生爭執。然而，需管控好你的脾氣，以免讓長官對你大打折扣，後續就可能產生更多麻煩，所以還是忍一時風平浪靜吧！

風水強運法！

遷移宮代表的區域為大門外，官祿宮則代表辦公室。大門前不可堆積雜物，須保持乾淨，若想開運就放置一些盆栽。辦公室的座位背後不能有門、窗或走道，若有，建議放置屏風或紫水晶洞。

疾厄運勢

出生年尾數4

巳 財帛宮	午 子女宮	未 夫妻宮	申 兄弟宮
辰 羊刃 疾厄宮			酉 本命宮
卯 遷移宮			戌 父母宮
寅 陀羅 奴僕宮	丑 官祿宮	子 田宅宮	亥 福德宮

◆代表星曜：羊刃星、陀羅星

◆所處宮位：疾厄宮、奴僕宮

◆風水區域：廁所、走道與樓梯間

◆開運物品：綠色植物、貴人的合照

留意身體健康，當心小人陷害

出生年尾數4（西元年尾數5）的人，你今年的羊刃星與陀羅星坐落在流年的疾厄宮及奴僕宮，代表可能會有意料之外的疾病和無法提防的小人陷害。當身體不太舒服、應該看醫生、動手術的時候就該去醫院，千萬不要拖延；每幾年一次的健康檢查也不能偷懶，切忌抱著僥倖的心理！若需要破解血光之災，只要動些小手術，例如微整形、捐血等就能夠破解。

另外需注意一下，原本是心腹、徒弟或是平時的好哥兒們，可能會阻撓你的成功，甚至可能在背後捅你一刀或是竊取資料、在客戶面前講你壞話、造謠等，有意或無意間破壞你的名譽。因此，今年需多加注意並且小心防範身邊的人，多多保持警戒。

風水強運法！

從居家風水來看，奴僕宮代表的位置是走道與樓梯間，疾厄宮代表的位置是廁所。建議廁所要保持乾燥，再放一些綠色植物來美化空間。而走道與樓梯間掛上貴人合照，可利用貴人運來壓制小人。

疾厄運勢

出生年尾數5、7

羊刃

財帛宮　子女宮　夫妻宮　兄弟宮

陀羅

疾厄宮　本命宮

遷移宮　父母宮

奴僕宮　官祿宮　田宅宮　福德宮

◆代表星曜：羊刃星、陀羅星
◆所處宮位：子女宮、疾厄宮
◆風水區域：後陽台、廁所
◆開運物品：盆栽、綠色植物

子女健康要注意，慢性疾病需追蹤

出生年尾數5、7（西元年尾數6、8）的人，今年你的羊刃星與陀羅星坐落在流年的子女宮及疾厄宮，代表要多注意子女的健康狀況和自己的生活習慣。若是有孕在身，要特別注意流產的危機；若子女從事高危險工作，則需要多留意職場災害，建議換個安全性較高的工作；無身孕者，則可能是性生活受到阻礙。不過，主要還是以子女安全為重，需要時刻注意提醒，以防子女受傷或有意外。

另外，今年的你可能會因為生活飲食習慣，引發無法預期的疾病，雖然是突如其來的病痛，但卻是你長久以來的不良習慣所造成的！想要避免，就從簡是自己的生活作息、飲食開始吧！而本身就有慢性疾病的朋友，也需勤做追蹤，避免情況變嚴重。

風水強運法！

從居家風水來看，子女宮代表的位置是後陽台，疾厄宮代表的位置則是廁所。後陽台要保持乾淨，且放些盆栽來提升好運。廁所要保持乾燥，裝上門簾防止異味飄散，有助健康運氣。

疾厄運勢 出生年尾數6、8

財帛宮（陀羅）	子女宮	夫妻宮（羊刃）	兄弟宮
疾厄宮			本命宮
遷移宮			父母宮
奴僕宮	官祿宮	田宅宮	福德宮

◆代表星曜：羊刃星、陀羅星

◆所處宮位：夫妻宮、財帛宮

◆風水區域：臥房、廚房

◆開運物品：山水畫、鹽燈

夫妻相處要和氣，健康要比事業先

出生年尾數6、8（西元年尾數7、9）的人，你今年的羊刃星與陀羅星坐落在流年的夫妻宮及財帛宮。首先，今年你會與配偶、伴侶產生衝突、爭吵，夫妻兩人可能會因理念不合，在這新的一年當中爭吵不斷，甚至反目成仇，或者是伴侶遭逢刀傷、血光的危機，是個多難的夫妻流年。若想避免，平日可多和另一伴至廟宇祈福、捐捐血等。

第二點，你需要注意錢財可能會周轉不靈，也不要輕易借錢給朋友，必定有去無回。今年會常遇見的狀況是，原本應該賺的錢卻沒有賺到，或是會因為不斷賺錢而失去健康！建議把健康擺在第一，再來好好的思考如何賺錢。最後千萬要記得，鋌而走險及會造成職業傷害才能獲利的行為，都不要貿然嘗試。

風水強運法！

從居家風水來看，夫妻宮代表臥房，財帛宮代表則是廚房。臥房需要保持明亮，若有壁癌或是家具毀損要盡快處理，再換上漂亮的壁紙、掛上山水畫。而廚房可以放置鹽燈，照亮財神，提昇好運。

疾厄運勢

出生年尾數9

巳 財帛宮	午 子女宮	未 夫妻宮（陀羅）	申 兄弟宮
辰 疾厄宮			酉 本命宮（羊刃）
卯 遷移宮			戌 父母宮
寅 奴僕宮	丑 官祿宮	子 田宅宮	亥 福德宮

◆代表星曜：羊刃星、陀羅星

◆所處宮位：本命宮、夫妻宮

◆風水區域：客廳、臥房

◆開運物品：山水畫、向陽的花

祈福求平安，出遊解壓力

出生年尾數9（西元年尾數0）的人，你的羊刃星與陀羅星坐落在流年的本命宮及夫妻宮，表示你今年可能會因為鑽牛角尖、多慮憂慮而導致精神相關的疾病發作；或是有可能鬱鬱寡歡、看什麼都不順眼。我建議多拜佛、多祈求平安或是到戶外旅遊來消除壓力，就能夠化解鑽牛角尖、精神相關疾病發作的危機。另外，今年你容易事倍功半，會有做什麼都搞砸的感覺，另一半會對你有所微詞，長期下來可能會爆發婚姻危機。也有可能因為自己受傷或是跌倒，進而拖累了配偶。

今年你會遇見不少血光、刀光或是口舌之災，但不要慌張，只要記住冷靜處理，就能避免衝動而帶來的災難。有空時，多多關心配偶和自己的健康，不要過度操勞，若需要出外行車也要特別注意安全。

風水強運法！

從居家風水來看，本命宮代表客廳，夫妻宮則是臥房。客廳需要保持整潔明亮，並掛上山水畫使好運源源不斷。而臥房不能推積雜物，再換上漂亮的壁紙、放上向陽的花，才能夠使好的氣息不斷流入。

疾厄運勢
出生年尾數0

巳	午	未	申
財帛宮	子女宮	夫妻宮	兄弟宮（陀羅）
辰 疾厄宮			酉 本命宮
卯 遷移宮			戌 父母宮（羊刃）
寅 奴僕宮	丑 官祿宮	子 田宅宮	亥 福德宮

◆代表星曜：羊刃星、陀羅星
◆所處宮位：父母宮、兄弟宮
◆風水區域：孝親房、客房
◆開運物品：壁燈、魚缸

家事不寧靜，多關心家人

出生年尾數0（西元年尾數1）的人，羊刃星與陀羅星坐落在父母宮及兄弟宮，兩個宮位都與家人有關，代表你今年會家事不寧，需要多注意家人間的相處，可能爭吵不斷，嚴重者甚至會反目成仇、老死不相往來。兄弟姊妹也許會狀況頻出，舉凡官司纏身、考運不好或是疾病復發都有可能發生。父母身體狀況多變，若父母較為年長可能會重病復發、遇血光之災，甚至需要開重大手術。有空時多關心家人，增進感情之外，也能夠提前預防喔！

另外，今年父母會不斷對你碎碎念、緊迫盯人，帶給你莫名壓力，建議好好調適後欣然接受，因為一旦聽進父母的規勸，大福氣就跟著來了；反之，若不聽勸或是叛逆拒絕，則有可能造成更大的麻煩災禍。

風水強運法！

從居家風水來看，兄弟宮和父母宮分別代表客房與孝親房，可以在客房放置魚缸，以增加人緣；孝親房建議壁燈常開，好減少陰暗，讓光明照耀好運。

財帛宮	子女宮	夫妻宮	兄弟宮
疾厄宮			本命宮
遷移宮			父母宮（陀羅）
奴僕宮	官祿宮	田宅宮（羊刃）	福德宮

◆代表星曜：羊刃星、陀羅星
◆所處宮位：田宅宮、父母宮
◆風水區域：餐廳、孝親房
◆開運物品：水果、壁燈

家運危機要處理，對待父母要孝順

出生年尾數1（西元年尾數2）的人，你的羊刃星與陀羅星坐落在流年的田宅宮及父母宮，表示今年跟父母的觀念將產生分歧，甚至會動不動就產生口舌爭執，產生對立；或是父母會因為惡習而罹患慢性疾病，需要動重大手術，造成生活上家運敗壞。

羊刃星在田宅宮，也有可能家道中落或是房子買賣、租賃有重大危機，例如家中遭竊，或是親友隨意變賣家產、盜用家款等情況發生，導致家人失和、整個家族反目，今年只要跟家運有關的事情，都可能會有變動。但不要緊張，這些危機都能藉由風水調整，破解不必要的災難跟父母受苦的可能。要懂得孝順和體諒父母，改變家裡的風水擺設，才會導正家運。

風水強運法！

田宅宮代表的餐廳建議換上新且材質好的桌椅，並放置五色水果，帶來好運勢；父母宮代表的孝親房則是建議壁燈常開，減少陰暗，讓光明照耀好運。

疾厄運勢

出生年尾數2

財帛宮	子女宮	夫妻宮	兄弟宮
疾厄宮			本命宮
遷移宮			父母宮
奴僕宮	官祿宮（羊刃）	田宅宮	福德宮（陀羅）

◆代表星曜：羊刃星、陀羅星
◆所處宮位：官祿宮、福德宮
◆風水區域：辦公室、工作室或休閒室
◆開運物品：財神天珠、魚缸

升官遇困難，職場要忍耐

出生年尾數2（西元年尾數3）的人，羊刃星與陀羅星坐落在流年的官祿宮及福德宮，代表今年會有很多憂慮煩惱，比以往更鑽牛角尖，特別容易跟自己過不去，會感覺上級對你百般挑剔，這樣的情況會影響到你的工作情緒，讓你在職場上阻礙連連。

也有可能是一時判斷錯誤，導致升官困難，甚至是失業；或是自己強出頭，硬要表現、求功勞，結果卻不如預期，反造成口舌之災。今年你的官運不濟，還是盡量避免跟任何人起爭執，若有爭執，則一定要先忍耐、低頭才能夠破解危機。最需注意的時間是十月到十二月，這三個月是你最容易碰到大危機的時候，要注意不要衝動行事，凡事冷靜先退一步思考再做判斷。

風水強運法！

從居家風水來看，官祿宮代表辦公室，不可堆放太多無用的雜物，可放上財神天珠，提升運勢。而福德宮代表工作室或休閒室，建議擺設具有生命力的魚缸，貴人自會來扶持。

5 Chapter

雞年開運農民曆

看完了詹老師精闢的流年分析後，提供給大家的是雞年的農民曆！列出最基本的每日宜忌、每日凶時、每日沖煞、胎神方位等等，表格清楚明瞭，讓你在新的一年行事有所依據，每一天都平安又發財！

二〇一七年 國曆正月(大)

日期	1	2	3	4	5	6	7
星期	日	一	二	三	四	五	六
節日節氣	元旦				小寒		
農曆12月	初四	初五	初六	初七	初八	初九	初十
干支	戊子	己丑	更寅	辛卯	壬辰	癸巳	甲午
每日宜忌	宜：入殮、除靈 忌：動土、上官、赴任、嫁娶、火葬、進金	宜：祈福、開光、酬神、訂婚、嫁娶、出火、動土、入宅、安香 忌：動土、上官、赴任、嫁娶、火葬、進金	宜：裁衣、合帳、安床、掛匾、入殮、除靈、火葬、進金、安葬 忌：開光、入宅、安香、嫁娶、開市、經絡、安機械	受死凶日又逢平日，宜事少取 宜：平治、道塗	宜：出行、開光、祈福、酬神、訂婚、嫁娶、出火、動土、安床、入宅、安香、洽爐、掛匾、入殮、除靈、破土、火葬、進金、安葬 忌：開市、造船橋	宜：開光、訂婚、出火、動土、安床、入宅、安香、掛匾 忌：嫁娶、上樑、開市、入殮、除靈、火葬、進金、安葬	宜：祈福、酬神、齋醮、出行、訂婚、裁衣、嫁娶、出火、動土、安床、入宅、安香、洽爐、掛匾、納畜、入殮、除靈、破土、火葬、進金、安葬 忌：開光
每日凶時	午	未	申	酉	戌	亥	子
每日沖煞	馬15歲 煞南	羊14歲 煞東	猴13歲 煞北	雞12歲 煞西	狗11歲 煞南	豬10歲 煞東	鼠9歲 煞北
每日胎神占方	房床碓外 正北	占門側外 正北	碓磨爐外 正北	廚灶門外 正北	倉庫栖外 正北	占房床房 內北	占門碓房 內北

15	14	13	12	11	10	9	8
日	六	五	四	三	二	一	日
		尾牙					
十八	十七	十六	十五	十四	十三	十二	十一
壬寅	辛丑	庚子	己亥	戊戌	丁酉	丙申	乙未
宜：裁衣、合帳、嫁娶、安床、動土、入宅、洽爐、開市、掛匾、入殮、除靈、破土、火葬、進金、安葬 忌：開光	**正紅紗大凶，宜事不取**	宜：祈福、酬神、齋醮、裁衣、合帳、安床、入殮、除靈、火葬、進金、安葬 忌：入宅、安香、嫁娶、上官、赴任、動土	宜：祈福、酬神、設醮、訂婚、開市、牧養、納畜 忌：開光、嫁娶、入宅、安香、入殮、除靈、火葬、進金、安葬	**本日凶星多，吉星少，宜事不取** 宜：補捉、畋獵	**逢受死凶日，忌吉喜事，為行喪不忌** 宜：入殮、除靈、破土、火葬、安葬	宜：開市、開光、出行、訂婚、嫁娶、出火、動土、入宅、洽爐、掛匾、入殮、除靈、破土、火葬、進金、安葬 忌：安香、祈福、酬神	**逢月破大耗凶日，宜事不取** 宜：破屋、壞垣
申	未	午	巳	辰	卯	寅	丑
猴1歲 煞北	羊2歲 煞東	馬3歲 煞南	蛇4歲 煞西	龍5歲 煞北	兔6歲 煞東	虎7歲 煞南	牛8歲 煞西
倉庫爐房內南	廚灶廁房內南	占碓磨房內南	占門床房內南	房床栖房內南	倉庫門房內北	廚灶爐房內北	碓磨廁房內北

國曆正月大

日期	星期	節日節氣	農曆12月	干支	每日宜忌	每日凶時	每日沖煞	每日胎神占方
16	一		十九	癸卯	宜：出行、訂婚、裁衣、合帳、嫁娶、安床、入殮、火葬、進金、安葬 忌：開市、入宅、安香、動土、除靈	酉	雞60歲 煞西	房床門房 內南
17	二		二十	甲辰	**本日凶神多，吉神少，宜事不取** 宜：結網、畋獵	戌	狗59歲 煞南	門雞栖房 內東
18	三		廿一	乙巳	宜：祈福、牧養、納畜、開光、酬神、設醮、訂婚、嫁娶、出火、安床、入宅、安香、掛匾 忌：開市、入殮、除靈、破土、火葬、進金、安葬	亥	豬58歲 煞東	碓磨床房 內東
19	四		廿二	丙午	**逢正四廢凶日，忌吉喜事** 宜：入殮、除靈、火葬、進金、安葬	子	鼠57歲 煞北	廚灶碓房 內東
20	五	大寒	廿三	丁未	**逢月破大耗凶日，宜事不取**	丑	牛56歲 煞西	倉庫廁房 內東
21	六		廿四	戊申	宜：開市、入殮、除靈、火葬、進金、安葬 忌：嫁娶、入宅、安香	寅	虎55歲 煞南	床房爐房 內東
22	日		廿五	己酉	**受死又逢重喪，吉喜喪事均不取**	卯	兔54歲 煞東	占大門外 東北
23	一		廿六	庚戌	宜：訂婚、裁衣、合帳、嫁娶、作灶 忌：開光、造船橋、安床、開市	辰	龍53歲 煞北	碓磨栖外 東北

31	30	29	28	27	26	25	24
二	一	日	六	五	四	三	二
			春節	除夕			
初四	初三	初二	初一	三十	廿九	廿八	廿七
戊午	丁巳	丙辰	乙卯	甲寅	癸丑	壬子	辛亥
宜：出行、嫁娶、安床、入宅、安香、洽爐、入殮、除靈、火葬、進金、安葬 忌：上官、赴任、入學、習藝、動土、破土	**正四廢又逢重日，吉喜喪事均不取** 宜：祭祀	宜：裁衣、合帳、嫁娶 忌：開市、安門、酬神、造船橋	宜：出行、開市、牧養、納畜、訂婚、裁衣、合帳、安床 忌：開光、嫁娶、入宅、除靈、經絡、安機械	宜：出行、訂婚、裁衣、合帳、嫁娶、出火、安床、入宅、掛匾、入殮、除靈、火葬、進金、安葬 忌：開光、安門、開市	**正紅紗大凶，宜事不取**	宜：裁衣、合帳、安床、牧養、納畜、入殮、除靈、火葬、進金、安葬 忌：入宅、安香、動土、破土、嫁娶	宜：開光、祈福、酬神、設醮、出火、安灶、入宅、安香、牧養、納畜 忌：開市、安床、入殮、除靈、火葬、進金、安葬
子	亥	戌	酉	申	未	午	巳
鼠46歲 煞北	豬47歲 煞西	狗48歲 煞南	雞49歲 煞西	猴49歲 煞北	羊50歲 煞東	馬51歲 煞南	蛇52歲 煞西
房床堆外 正東	倉庫床外 正東	廚灶栖外 正東	碓磨門外 正東	占門爐外 東北	房床廁外 東北	倉庫碓外 東北	廚灶床外 東北

二〇一七年 國曆二月（平）

日期	1	2	3	4	5	6	7	8
星期	三	四	五	六	日	一	二	三
節日節氣			立春					
農曆正月	初五	初六	初七	初八	初九	初十	十一	十二
干支	巳未	庚申	辛酉	壬戌	癸亥	甲子	乙丑	丙寅
每日宜忌	月破大耗，宜事不敢	四絕值日，忌吉喜事 宜：入殮、除靈、破土、火葬、進金、安葬	逢受死氣往亡，吉喜事刪刊 宜：入殮、除靈、火葬、安葬	逢受死凶，日吉喜事刪刊 宜：入殮、除靈、破土、火葬、安葬	宜：作灶 忌：開光、嫁娶、上樑、上官、赴任、入學	宜：開光、酬神、祈福、出行、嫁娶、動土 忌：開市、安床、安門、入殮、火葬	宜：祈福、酬神、齋醮、入殮、除靈 忌：嫁娶、開光，入宅、安香、出火	宜：牧養、納畜、開光、裁衣、安床、入殮，除靈、火葬、進金、安葬 忌：入宅、安香、嫁娶、出行、動土、破土
每日凶時	丑	寅	卯	辰	巳	午	未	申
每日沖煞	牛45歲 煞西	虎44歲 煞南	兔43歲 煞東	龍42歲 煞北	蛇41歲 煞西	馬40歲 煞南	羊39歲 煞東	猴38歲 煞北
每日胎神占方	占門側外 正東	碓磨爐外 東南	廚灶門外 東南	倉庫棲外 東南	占房床外 東南	占門碓外 東南	碓磨廁外 東南	廚灶爐外 正南

15	14	13	12	11	10	9
三	二	一	日	六	五	四
	西洋情人節			元宵節		
十九	十八	十七	十六	十五	十四	十三
癸酉	壬申	辛未	庚午	己巳	戊辰	丁卯
宜：祈福、酬神、齋醮、出行、訂婚、裁衣、嫁娶、出火、動土、入宅、安香、洽爐、開市、牧養、入殮、除靈、破土、火葬、進金、安葬 忌：上官、開光	逢月破大耗凶日，宜事不取 宜：沐浴、破屋、壞垣	宜：出行、牧養、納畜、祈福、酬神、訂婚、裁衣、合帳、出火、動土、安床灶、入宅、安香、恰爐、入殮、破土 忌：開光、嫁娶、除靈、火葬	宜：出行、開市、納畜、祈福、開光、酬神、齋醮、訂婚、裁衣、嫁娶、安床、入殮、除靈、火葬、進金、安葬 忌：上官、赴任、上樑、入宅、安香、洽爐	宜：作灶 忌：開市、嫁娶、開光、入殮、安葬	宜：開光、嫁娶、裁衣、合帳、安床 忌：結網、畋獵、出行、入殮、安葬	宜：開市、納畜、開光、酬神、齋醮、訂婚、動土、安床、入殮、除靈、破土、火葬、進金、安葬 忌：上官、赴任、入學，進人、口入、宅安、嫁娶
卯	寅	丑	子	亥	戌	酉
兔31歲煞東	虎32歲煞南	牛33歲煞西	鼠34歲煞北	豬35歲煞東	狗36歲煞南	雞37歲煞西
房床門外西南	倉庫爐外西南	廚灶廁外西南	占碓磨外正南	占門床外正南	房床栖外正南	倉庫門外正南

日期	16	17	18	19	20	21	22
星期	四	五	六	日	一	二	三
節日節氣		天公生	雨水				
農曆正月	二十	廿一	廿二	廿三	廿四	廿五	廿六
干支	甲戌	乙亥	丙子	丁丑	戊寅	己卯	庚辰
每日宜忌	**受死又逢重，喪吉桑喜，事均不取** 宜：斷蟻、塞穴、畋獵、取魚、結網	宜：出行、祈福、酬神、訂婚、出火、動土、安床灶、入宅、安床 忌：上官、赴任、進人口、經絡、安機械、開市、安門、入殮、火葬	宜：出行、開市、開光、祈福、酬神、齋醮、訂婚、嫁娶、動土、除靈、破土 忌：安床、安門、入殮、火葬、進金、安葬	宜：祈福、酬神、齋醮、裁衣、合帳、安床、入殮、除靈、火葬、進金、安葬 忌：開光、嫁娶、開市、安門、出行、入宅、安香、上樑	宜：牧養、納畜、開光、訂婚、裁衣、合帳、安床、入殮、除靈、火葬、進金、安葬 忌：出行、入宅、安香、洽爐、嫁娶、動土、破土	宜：出行、祈福、酬神、齋醮、訂婚、裁衣、合帳、動土、安門床、開市、入殮、除靈、破土、火葬、進金、安葬 忌：上官、赴任、入學、開光、嫁娶	宜：開光、裁衣、合帳 忌：捕捉、結網、開市、安門、造船橋、入殮、安葬
每日凶時	辰	巳	午	未	申	酉	戌
每日沖煞	龍30歲 煞北	蛇29歲 煞西	馬28歲 煞南	羊27歲 煞東	猴26歲 煞北	雞25歲 煞西	狗24歲 煞南
每日胎神占方	門雞栖外 西南	碓磨床外 西南	廚灶堆外 西南	倉庫廁外 正西	房床爐外 正西	占大門外 正西	碓磨栖外 正西

23	24	25	26	27	28
四	五	六	日	一	二
					和平紀念日
廿七	廿八	廿九	初一	初二	初三
辛巳	壬午	癸未	甲申	乙酉	丙戌
宜：作灶 **忌：**開光、嫁娶、入宅、安香、入殮、火葬、進金、安葬	宜：出行、開市、納畜、祈福、開光、齋醮、訂婚、裁衣、嫁娶、動土、安床、掛匾、入殮、除靈、破土、火葬、進金、安葬 **忌：**上官、赴任、上樑、住宅	宜：訂婚、嫁娶、出行、入殮、火葬、進金、安葬 **忌：**入宅、安香、動土、破土、除靈、齋醮、造船橋	**逢月破大耗凶日，宜事不取** 宜：沐浴、破屋、壞垣	宜：祈福、酬神、齋醮、出行、裁衣、合帳、動土、出火、入宅、安香、洽爐、開市、入殮、除靈、破土、火葬、進金、安葬 **忌：**入學、進人口、嫁娶	**逢受死凶日，忌吉喜事** 宜：入殮、除靈、破土、火葬、安葬
亥	子	丑	寅	卯	辰
豬23歲 煞東	**鼠22歲 煞北**	**牛21歲 煞西**	**虎20歲 煞南**	**兔19歲 煞東**	**龍18歲 煞北**
廚灶床外 正西	倉庫碓外 西北	房床廁外 西北	占門爐外 西北	碓磨門外 西北	廚灶棲外 西北

二〇一七年 國曆三月（大）

日期	星期	節日節氣	農曆2月	干支	每日宜忌	每日凶時	每日沖煞	每日胎神占方
1	三		初四	丁亥	宜：出行、祈福、酬神、開光、訂婚、出火、動土、安床、入宅、安香 忌：開市、安機械、入殮、火葬、安葬、進金	巳	蛇17歲 煞西	倉庫床外 西北
2	四		初五	戊子	宜：開光、祈福、酬神、訂婚、嫁娶、動土、開市、除靈、破土 忌：出行、安床、入宅、安香、嫁娶	午	馬16歲 煞南	房外碓外 正北
3	五		初六	己丑	宜：祈福、酬神、裁衣、合帳、安床灶、入殮、除靈 忌：開光、動土、開市、入宅、安香、嫁娶	未	羊15歲 煞東	占門廁外 正北
4	六		初七	庚寅	宜：裁衣、合帳、入殮、除靈 忌：開光、嫁娶、動土、入宅、安香	申	猴14歲 煞北	碓磨爐外 正北
5	日	驚蟄	初八	辛卯	宜：出行、祈福、訂婚、裁衣、合帳、嫁娶、開光、酬神、齋醮、安床、掛匾、開市、入殮、除靈、破土、火葬、進金、安葬 忌：造船橋、造宅勿用	酉	雞13歲 煞西	廚灶門外 正北
6	一		初九	壬辰	**受死又逢三喪，吉事喪事均不取** 宜：塞穴、斷蟻	戌	狗12歲 煞南	倉庫栖外 正北
7	二		初十	癸巳	宜：開市、裁衣、合帳、安床灶 忌：開光、動土、嫁娶、入宅、安香、火葬、除靈、安葬	亥	豬11歲 煞東	占房床房 內北

15	14	13	12	11	10	9	8
三	二	一	日	六	五	四	三
			植樹節				
十八	十七	十六	十五	十四	十三	十二	十一
辛丑	庚子	己亥	戊戌	丁酉	丙申	乙未	甲午
宜：出行、納畜、牧養、祈福、酬神、設齋醮、訂婚、嫁娶、出火、動土、安床、入宅、安香、洽爐、掛匾、除靈、破土 忌：開市、入學、開光	宜：剃頭、進人口、立券、交易、納財、栽種 忌：嫁娶、入殮、除靈、火葬、進金、安葬	宜：出行、開市、訂婚、裁衣、合帳、開光、祈福、酬神、出火、動土、安床、入宅、安香、掛匾 忌：入殮、除靈、火葬、進金、安葬	宜：出行、裁衣、合帳、動土、安床、入宅、入殮、破土 忌：開光、嫁娶、除靈、齋醮、洽爐	**逢月破大耗凶日，宜事不取** 宜：醫治病、破屋、壞垣	宜：開光、祈福、酬神、齋醮、出行、嫁娶、出火、動土、入宅、安香、洽爐、除靈、破土、火葬、進金、安葬 忌：開市、安床、上官、赴任、入學	宜：開市、開光、祈福、酬神、設醮、出行、訂婚、裁衣、嫁娶、出火、安床灶、入宅、安香、入廟、掛匾、牧養、納畜 忌：開刀、動土、入殮、安葬	宜：祈福、酬神、嫁娶、入殮、除靈 忌：開市、入宅、安香、題祖先
未	午	巳	辰	卯	寅	丑	子
羊3歲煞東	馬4歲煞南	蛇5歲煞西	龍6歲煞北	兔7歲煞東	虎8歲煞南	牛9歲煞西	鼠10歲煞北
廚灶廁房內南	占碓磨房內南	占門床房內南	房床栖房內南	倉庫門房內北	廚灶爐房內北	碓磨廁房內北	占門碓房內北

國曆三月大

日期	16	17	18	19	20	21	22
星期	四	五	六	日	一	二	三
節日節氣					春分		
農曆2月	十九	二十	廿一	廿二	廿三	廿四	廿五
干支	壬寅	癸卯	甲辰	乙巳	丙午	丁未	戊申
每日宜忌	宜：動土、安床、入殮、除靈、破土、火葬、進金、安葬 忌：開市、入宅、安香、嫁娶、進人口	宜：祭祀、立券、交易、納財、嫁娶、作染 忌：動土、造船橋、破土、入殮、火葬	**受死又逢三喪，吉喜喪事均不取** 宜：塞穴、斷蟻	**逢四離凶日，吉喜事不取，重喪日，忌行喪之事** 宜：入殮、除靈、火葬、進金、安葬	宜：裁衣、合帳、入殮、除靈、破土 忌：開光、嫁娶、出行、安門	宜：出行、開市、祈福、酬神、設齋醮、牧養、開光、訂婚、嫁娶、出火、動土、安床、入宅、安香、掛匾、入殮、除靈、破土、火葬、安葬 忌：開刀	宜：開光、祈福、酬神、齋醮、出行、裁衣、合帳、動土、入殮、除靈、破土、火葬、進金、安葬 忌：入宅、安香、嫁娶、安床、開市
每日凶時	申	酉	戌	亥	子	丑	寅
每日沖煞	猴2歲 煞北	雞1歲 煞西	狗60歲 煞南	豬59歲 煞東	鼠58歲 煞北	牛57歲 煞西	虎56歲 煞南
每日胎神占方	倉庫爐房 內南	房床門房 內南	門雞栖房 內東	碓磨床房 內東	廚灶碓房 內西	倉庫廁房 內東	房床爐房 內東

23	24	25	26	27	28	29	30	31
四	五	六	日	一	二	三	四	五
						青年節		
廿六	廿七	廿八	廿九	三十	初一	初二	初三	初四
己酉	庚戌	辛亥	壬子	癸丑	甲寅	乙卯	丙辰	丁巳
逢月破大耗凶日，宜事不取 宜：破屋、壞垣	宜：出行、裁衣、合帳、嫁娶、動土、安床灶、入殮、破土 **忌：開市、安門、除靈、齋醮、火葬、安葬**	宜：出行、開市、開光、訂婚、裁衣、合帳、出火、動土、安床灶、入宅、安香 **忌：入殮、除靈、火葬、進金、安葬**	宜：嫁娶、進人口、安床、針灸 **忌：上樑、安機械、入殮、除靈、火葬、進金、安葬**	宜：出行、祈福、酬神、牧養、納畜、嫁娶、出火、安灶、入宅、安香、洽爐、除靈 **忌：開市、安門、開光、入殮、安葬**	宜：動土、安床灶、入殮、除靈、破土、火葬、進金、安葬 **忌：嫁娶、開光、入宅、安香、安機械**	宜：出行、裁衣、合帳、嫁娶 **忌：動土、開市、安門、造船橋、入殮、除靈、安葬**	**受死又逢三喪，吉喪事均不取** 宜：塞穴、斷蟻、結網、取魚	宜：開光、訂婚、裁衣、合帳、安床 **忌：嫁娶、入宅、安香、動土**
卯	辰	巳	午	未	申	酉	戌	亥
兔55歲煞東	**龍54歲煞北**	**蛇53歲煞西**	**馬52歲煞南**	**羊51歲煞東**	**猴50歲煞北**	**雞49歲煞西**	**狗48歲煞南**	**豬47歲煞東**
占大門外東北	碓磨栖外東北	廚灶床外東北	倉庫碓外東北	房床廁外東北	占門爐外東北	碓磨門外正東	廚灶栖外正東	倉庫床外正東

二〇一七年 國曆四月（小）

日期	1	2	3	4	5	6	7
星期	六	日	一	二	三	四	五
節日節氣				兒童／清明節			
農曆3月	初五	初六	初七	初八	初九	初十	十一
干支	戊午	己未	庚申	辛酉	壬戌	癸亥	甲子
每日宜忌	宜：嫁娶 **忌：入宅、安香、入殮、除靈、安葬**	宜：出行、開市、掛匾、牧養、納畜、開光、祈福、酬神、齋醮、訂婚、嫁娶、安床、入殮、除靈、破土、火葬、進金、安葬 **忌：造宅、全章**	**逢正四廢，忌吉喜事** 宜：入殮、除靈、破土、火葬、進金、安葬	**月破大耗又逢正四廢凶日，宜事不取** 宜：破屋、壞垣	**逢月破大耗凶日，宜事不取** 宜：沐浴、求醫、治病、破屋、壞垣	**逢受死重日，吉喜喪事均不取** 宜：沐浴、斷蟻	宜：開市、祈福、酬神、齋醮、裁衣、合帳、嫁娶、動土、安床、入宅、安香、洽爐、入殮、除靈、破土、火葬、進金、安葬 **忌：開光、嫁娶、入宅、安香**
每日凶時	子	丑	寅	卯	辰	巳	午
每日沖煞	鼠46歲 煞北	牛45歲 煞西	虎44歲 煞南	兔43歲 煞東	龍42歲 煞北	蛇41歲 煞西	馬40歲 煞南
每日胎神占方	房床碓外 正東	占門側外 正東	碓磨爐外 東南	廚灶門外 東南	倉庫棲外 東南	占房床外 東南	占門碓外 東南

15	14	13	12	11	10	9	8
六	五	四	三	二	一	日	六
十九	十八	十七	十六	十五	十四	十三	十二
壬申	辛未	庚午	己巳	戊辰	丁卯	丙寅	乙丑
宜：祈福、酬神、齋醮、開市、動土、牧養、納畜、入殮、除靈、破土、火葬、進金、安葬 **忌：**開光、入宅、安香、嫁娶、安床	宜：作灶、入殮、除靈 **忌：**開市、安床、安葬	宜：出行、安床、開市、入殮、除靈 **忌：**開光、嫁娶、酬神、安機械、安葬	宜：開光、祈福、酬神、設醮、嫁娶、出火、動土、安床、入宅、安香 **忌：**開市、入殮、除靈、火葬、進金、安葬	宜：裁衣、合帳 **忌：**動土、開光、嫁娶、入殮、安葬	宜：祈福、酬神、齋醮、裁衣、合帳、嫁娶、動土、安床、入宅、安香、洽爐、入殮、除靈、破土、火葬、進金、安葬 **忌：**出行、造船橋	宜：出行、開市、訂婚、嫁娶、出火、動土、安床、入宅、除靈、破土 **忌：**上官、赴任、入學、開刀	**逢正紅紗大凶，事宜不取**
寅	丑	子	亥	戌	酉	申	未
虎32歲煞南	**牛33歲煞西**	**鼠34歲煞北**	**豬35歲煞東**	**狗36歲煞南**	**雞37歲煞西**	**猴38歲煞北**	**羊39歲煞東**
倉庫爐外西南	廚灶廁外西南	占碓磨外正南	占門床外正南	房床栖外正南	倉庫門外正南	廚灶爐外正南	碓磨廁外東南

國曆四月小

日期	16	17	18	19	20	21	22
星期	日	一	二	三	四	五	六
節日 節氣					穀雨		
農曆 3月	二十	廿一	廿二	廿三	廿四	廿五	廿六
干支	癸酉	甲戌	乙亥	丙子	丁丑	戊寅	己卯
每日宜忌	宜：祈福、開光、酬神、齋醮、出行、訂婚、裁衣、合帳、嫁娶、安床、入殮、火葬、進金、安葬 **忌：動土、安門、造船橋、牧養、納畜**	**逢月破大耗凶日，宜事不取** 宜：沐浴、求醫、治病	**逢受死重日，吉喜喪事均不取** 宜：結網、取魚	宜：祈福、酬神、齋醮、訂婚、裁衣、合帳、安床、入殮、除靈、火葬、進金、安葬 **忌：開市、安門、入宅、安香、嫁娶**	**逢正紅紗大凶，事宜不取**	宜：出行、開市、牧養、納畜、訂婚、安床灶 **忌：開光、入宅、安香、嫁娶、入殮、除靈、火葬、安葬**	宜：祈福、酬神、設齋醮、裁衣、合帳、嫁娶、安床灶、入殮、除靈、火葬、進金、安葬 **忌：安門、開市、造船橋、安機械**
每日凶時	卯	辰	巳	午	未	申	酉
每日沖煞	兔31歲 煞東	龍30歲 煞北	蛇29歲 煞西	馬28歲 煞南	羊27歲 煞東	猴26歲 煞北	雞25歲 煞西
每日胎神占方	房床門外 西南	門雞栖外 西南	碓磨床外 西南	廚灶碓外 西南	倉庫廁外 正西	床房爐外 正西	占大門外 正西

30	29	28	27	26	25	24	23
日	六	五	四	三	二	一	日
初五	初四	初三	初二	初一	廿九	廿八	廿七
丁亥	丙戌	乙酉	甲申	癸未	壬午	辛巳	庚辰
逢受死重日，吉喜喪事均不取	**逢月破大耗凶日，宜事不取** 宜：沐浴、求醫、治病	宜：出行、牧養、納畜、開光、祈福、酬神、齋醮、訂婚、裁衣、嫁娶、出火、安床灶、入宅、安香、洽爐、入殮、除靈、火葬、進金、安葬 **忌：**開市	宜：祈福、酬神、齋醮、裁衣、合帳、開市、牧養、納畜、入殮、除靈、火葬、進金、安葬 **忌：**開光、入宅、安香、嫁娶、安床	宜：作灶、入殮、除靈 **忌：**嫁娶、安床、火葬、進金、安葬	宜：出行、牧養、納畜、開光、訂婚、裁衣、嫁娶、安床、開市、入殮、除靈、火葬、進金、安葬 **忌：**入宅、安香、祈福、酬神	宜：開光 **忌：**開市、入宅、安香、嫁娶、入殮、除靈、火葬	宜：出行 **忌：**動土、開光、除靈、入學、上官、赴任、入殮、安葬
巳	辰	卯	寅	丑	子	亥	戌
蛇17歲 煞西	**龍18歲 煞北**	**兔19歲 煞東**	**虎20歲 煞南**	**牛21歲 煞西**	**鼠22歲 煞北**	**豬23歲 煞東**	**狗24歲 煞南**
倉庫床外 西北	廚灶栖外 西北	碓磨門外 西北	占門爐外 西北	房床廁外 西北	倉庫碓外 西北	廚灶床外 正西	碓磨栖外 正西

二〇一七年 國曆五月(大)

日期	星期	節日節氣	農曆4月	干支	每日宜忌	每日凶時	每日沖煞	每日胎神占方
1	一		初六	戊子	宜：出行、祈福、酬神、訂婚、安床灶 **忌：開光、安門、入宅、安香、開市、嫁娶、入殮、安葬**	午	**馬16歲煞南**	房床碓外正北
2	二		初七	己丑	**逢正紅紗大凶，宜事不取**	未	**羊15歲煞東**	占門側外正北
3	三		初八	更寅	宜：出行、開市、開光、訂婚、嫁娶、除靈 **忌：造船橋、入宅、安香、入殮、火葬**	申	**猴14歲煞北**	碓磨爐外正北
4	四		初九	辛卯	宜：入殮、除靈、火葬、進金、安葬 **忌：逢四絕，吉喜事不取**	酉	**雞13歲煞西**	廚灶門外正北
5	五	立夏	初十	壬辰	宜：出行、裁衣、合帳、開市 **忌：開光、動土、安門、嫁娶、入殮、安葬**	戌	**狗12歲煞南**	倉庫栖外正北
6	六		十一	癸巳	**逢受死重日，吉喜事均不取** 宜：斷蟻	亥	**豬11歲煞東**	占房床房內北
7	日		十二	甲午	宜：出行、牧養、納畜、開光、祈福、酬神、齋醮、訂婚、嫁娶、裁衣、出火、動土、入宅、安香、洽爐、入廟、掛匾開市、入殮、除靈 **忌：安床**	子	**鼠10歲煞北**	占門碓房內北

國曆	星期	節日	農曆	干支	宜忌	地支	沖煞	胎神
8	一		十三	乙未	宜：開光、訂婚、裁衣、合帳、嫁娶、安床、作灶 忌：開市、動土、安機械、入殮、火葬、進金、安葬	丑	牛9歲 煞西	碓磨廁房 內北
9	二		十四	丙申	宜：訂婚、嫁娶、動土、入宅 忌：開光、安床、出行、入殮、安葬	寅	虎8歲 煞南	廚灶爐房 內北
10	三		十五	丁酉	宜：出行、開市、牧養、祈福、酬神、齋醮、訂婚、出火、動土、安床、入宅、安香、洽爐、掛匾、入殮、除靈、破土、火葬、進金、安葬 忌：嫁娶、開光	卯	兔7歲 煞東	倉庫門房 內北
11	四		十六	戊戌	宜：牧養、祈福、酬神、開光、齋醮、訂婚、裁衣、嫁娶、出火、動土、安床、入宅、安香、洽爐、掛匾、入殮、除靈、破土、火葬、進金、安葬 忌：上官、赴任	辰	龍6歲 煞北	房床栖房 內南
12	五		十七	己亥	**月破大耗，宜事不取** 宜：沐浴、破屋、壞垣	巳	蛇5歲 煞西	占門床房 內南
13	六		十八	庚子	宜：祈福、出行、牧養、酬神、齋醮、訂婚、裁衣、嫁娶、出火、動土、安床、入宅、安香、洽爐、開市、入殮、除靈、破土、火葬、進金、安葬 忌：開光	午	馬4歲 煞南	占碓磨房 內南
14	日	母親節	十九	辛丑	宜：納畜、牧養、開光、祈福、齋醮、訂婚、動土、入殮、除靈、破土、火葬、進金、安葬 忌：開市、安門、入宅、安香、嫁娶	未	羊3歲 煞東	廚灶廁房 內南
15	一		二十	壬寅	宜：入殮 忌：動土、造船橋、開市、嫁娶、入宅、火葬、安葬	申	猴2歲 煞北	倉庫爐房 內南

日期	16	17	18	19	20	21	22
星期	二	三	四	五	六	日	一
節日節氣						小滿	
農曆4月	廿一	廿二	廿三	廿四	廿五	廿六	廿七
干支	癸卯	甲辰	乙巳	丙午	丁未	戊申	己酉
每日宜忌	宜：開光、祈福、酬神、齋醮、出行、訂婚、嫁娶、動土、安床、開市、除靈、破土 **忌：入宅、安香、安門、入殮、除靈、火葬、進金、安葬**	宜：出行、裁衣、合帳、嫁娶、安床灶、入宅、安香、洽爐、入殮、破土 **忌：開光、安門、開市、安機械、火葬、進金、安葬**	**逢受死重日，吉喜喪事均不取** 宜：斷蟻、塞穴	宜：開光、祈福、酬神、齋醮、出行、訂婚、裁衣、合帳、嫁娶、出火、動土、入宅、安香、開市 **忌：安床、入學、入殮、安葬**	宜：開光 **忌：入宅、安香、嫁娶、開市、入殮、除靈、安葬**	宜：入殮、除靈、破土 **忌：嫁娶、安床、開光、造船橋、安葬**	宜：出行、祈福、開光、酬神、齋醮、裁衣、合帳、安灶、入殮、除靈、火葬、進金、安葬 **忌：嫁娶、入宅、安香、開市、安門**
每日凶時	酉	戌	亥	子	丑	寅	卯
每日沖煞	雞1歲煞西	狗60歲煞南	豬59歲煞東	鼠58歲煞北	牛57歲煞西	虎56歲煞南	兔55歲煞東
每日胎神占方	房床門房內南	門雞栖房內東	碓磨床房內東	廚灶碓房內東	倉庫廁房內東	床房爐房內東	占大門外東北

23	24	25	26	27	28	29	30	31
二	三	四	五	六	日	一	二	三
廿八	廿九	三十	初一	初二	初三	初四	初五	初六
庚戌	辛亥	壬子	癸丑	甲寅	乙卯	丙辰	丁巳	戊午
宜：祈福、開光、酬神、齋醮、訂婚、嫁娶、動土、入殮、除靈、破土、火葬、進金、安葬 忌：上官、赴任、入宅、安香	月破大耗，宜事不取 宜：沐浴、破屋	逢正四廢凶日，宜事不取 宜：沐浴	宜：開市、納畜、牧養、齋醮、裁衣、合帳、動土、安床、入殮、除靈、破土、火葬、進金、安葬 忌：開光、嫁娶、入宅、安香	本日凶多吉少，宜事不取	宜：出行、祈福、酬神、齋醮、訂婚、嫁娶、動土、安床、除靈、破土 忌：開光、上官、赴任、入宅、安香、入殮、安葬	宜：裁衣、合帳、嫁娶、出火、動土、安床、入宅、安香 忌：上官、赴任、穿井、入殮、除靈、火葬、安葬	逢受死重日，吉喜喪事均不取 宜：斷蟻	宜：開光、出行、訂婚、嫁娶、掛匾、牧養、納畜、入殮、除靈、火葬、進金、安葬 忌：安床、入宅、安香、動土、破土
辰	巳	午	未	申	酉	戌	亥	子
龍54歲 煞北	蛇53歲 煞西	馬52歲 煞南	羊51歲 煞東	猴50歲 煞北	雞49歲 煞西	狗48歲 煞南	豬47歲 煞西	鼠46歲 煞北
碓磨栖外 東北	廚灶床外 東北	倉庫碓外 東北	房床廁外 東北	占門爐外 東北	碓磨門外 正東	廚灶栖外 正東	倉庫床外 正東	房床堆外 正東

二〇一七年 國曆六月（小）

日期	1	2	3	4	5	6	7
星期	四	五	六	日	一	二	三
節日節氣					芒種		
農曆5月	初七	初八	初九	初十	十一	十二	十三
干支	己未	庚申	辛酉	壬戌	癸亥	甲子	乙丑
每日宜忌	**本日凶星多、吉星少，宜事不取**	宜：出行、開市、開光、裁衣、合帳、嫁娶、動土、入宅、入殮、除靈、破土、火葬、進金、安葬 **忌：造船橋、安床、牧養、納畜**	宜：出行、開市、祈福、牧養、酬神、齋醮、訂婚、裁衣、出火、動土、安床灶、入宅、安香、洽爐、入殮、除靈、破土、火葬、進金、安葬 **忌：嫁娶**	宜：開光、訂婚、裁衣、合帳、嫁娶、出火、動土、安床、入宅、安香、洽爐、入殮、除靈、破土、火葬、進金、安葬 **忌：開市、安門、進人口**	**月破大耗，宜事不取** 宜：破屋、壞垣	宜：破屋、壞垣	宜：開光、祈福、酬神、齋醮、出行、裁衣、合帳、動土、安床、入殮、除靈、破土 **忌：嫁娶、安門、入學、火葬、進金、安葬**
每日凶時	丑	寅	卯	辰	巳	午	未
每日沖煞	**牛45歲 煞西**	**虎44歲 煞南**	**兔43歲 煞東**	**龍42歲 煞北**	**蛇41歲 煞西**	**馬40歲 煞南**	**羊39歲 煞東**
每日胎神占方	占門側外 正東	碓磨爐外 東南	廚灶門外 東南	倉庫栖外 東南	占房床外 東南	占門碓外 東南	碓磨廁外 東南

8	9	10	11	12	13	14	15
四	五	六	日	一	二	三	四
十四	十五	十六	十七	十八	十九	二十	廿一
丙寅	丁卯	戊辰	己巳	庚午	辛未	壬申	癸酉
宜：開市、開光、訂婚、動土、安床、掛匾、入殮、除靈、破土、火葬、進金、安葬 忌：出行、入宅、安香、嫁娶、造船橋	逢真滅沒凶日，宜事不取	宜：出行、開光、祈福、酬神、訂婚、嫁娶、出火、動土、安床灶、入宅、安香、洽爐、除靈、破土 忌：上官、赴任、穿井、入殮、安葬	宜：牧養、納畜、裁衣、合帳、出火、動土、安灶、入宅 忌：嫁娶、安床、開光、安機械、入殮、除靈、安葬	宜：出行 忌：開市、動土、入宅、安香、作灶、除靈、安葬	宜：出行、開市、牧養、納畜、祈福、酬神、訂婚、裁衣、合帳、嫁娶、出火、動土、安床、入宅、安香、掛匾 忌：開光、上官、赴任、入殮、安葬	宜：出行、開市、開光、裁衣、合帳、嫁娶、出火、入宅、洽爐、入殮、除靈、火葬、進金、安葬 忌：造船橋、動土、安門、牧養、納畜	宜：嫁娶 忌：入宅、安香、安門、上官、赴任、入殮、安葬
申	酉	戌	亥	子	丑	寅	卯
猴38歲 煞北	雞37歲 煞西	狗36歲 煞南	豬35歲 煞東	鼠34歲 煞北	牛33歲 煞西	虎32歲 煞南	兔31歲 煞東
廚灶爐外 正南	倉庫門外 正南	房床栖外 正南	占門床外 正南	占碓磨外 正南	廚灶廁外 西南	倉庫爐外 西南	房床門外 西南

國曆六月小

日期	16	17	18	19	20	21	22
星期	五	六	日	一	二	三	四
節日節氣						夏至	
農曆5月	廿二	廿三	廿四	廿五	廿六	廿七	廿八
干支	甲戌	乙亥	丙子	丁丑	戊寅	己卯	庚辰
每日宜忌	宜：開市、牧養、開光、酬神、設齋醮、出行、訂婚、嫁娶、出火、動土、安床、宅安、安香、洽爐、掛匾、入殮、除靈、破土、火葬、安葬 忌：安門	宜：祈福、酬神、設醮、訂婚、出火、動土、安床灶、入宅、安香、牧養 忌：開光、嫁娶、開市、出行、入殮、除靈、安葬	月破大耗，宜事不取 宜：沐浴、破屋、壞垣	宜：祈福、酬神、設醮、出行、動土 忌：開光、嫁娶、開市、入宅、安香、入殮、安葬	逢四離氣往亡，吉喜事刪刊 宜：入殮、除靈、破土、火葬、進金、安葬	宜：作灶 忌：開光、入宅、安香、嫁娶、入殮、除靈、安葬	宜：出行、牧養、納畜、祈福、酬神、設齋醮、開光、訂婚、嫁娶、出火、動土、安床灶、入宅、安香、洽爐、破土 忌：上官、赴任、入殮、安葬
每日凶時	辰	巳	午	未	申	酉	戌
每日沖煞	龍30歲煞北	蛇29歲煞西	馬28歲煞南	羊27歲煞東	猴26歲煞北	雞25歲煞西	狗24歲煞南
每日胎神占方	門雞栖外西南	碓磨床外西南	廚灶堆外西南	倉庫廁外正西	房床爐外正西	占大門外正西	碓磨栖外正西

日期	星期	農曆	干支	宜忌	地支	沖煞	胎神
23	五	廿九	辛巳	**逢真滅沒凶日，宜事刪刊**	亥	**豬23歲煞東**	廚灶床外正西
24	六	初一	壬午	宜：祭祀、交易、納財 **忌：**嫁娶、動土、開光、入宅、安香、入殮、除靈、安葬、	子	**鼠22歲煞北**	倉庫碓外西北
25	日	初二	癸未	宜：出行、牧養、納畜、開光、訂婚、裁衣、合帳、嫁娶、出火、安床、入宅、安香、掛匾 **忌：**開市、造船橋、入殮、除靈、安葬	丑	**牛21歲煞西**	房床廁外西北
26	一	初三	甲申	宜：裁衣、合帳、嫁娶、掛匾、牧養、納畜、入殮、除靈、火葬、進金、安葬 **忌：**開光、動土、入宅、安香、題祖先	寅	**虎20歲煞南**	占門爐外西北
27	二	初四	乙酉	宜：嫁娶、作灶、入殮、除靈 **忌：**上官、赴任、安機械、入學、安葬	卯	**兔19歲煞東**	碓磨門外西北
28	三	初五	丙戌	宜：開市、祈福、牧養、開光、酬神、齋醮、訂婚、裁衣、合帳、嫁娶、動土、安床、入宅、安香、洽爐、入殮、除靈、破土、火葬、進金、安葬 **忌：**出行	辰	**龍18歲煞北**	廚灶栖外西北
29	四	初六	丁亥	**本日凶星多、吉星少，宜事刪刊**	己	**蛇17歲煞西**	倉庫床外西北
30	五	初七	戊子	**月破大耗，宜事不取** 宜：破屋、壞垣	午	**馬16歲煞南**	房床碓外正北

二〇一七年 國曆七月（大）

日期	1	2	3	4	5	6	7
星期	六	日	一	二	三	四	五
節日節氣							小暑
農曆6月	初八	初九	初十	十一	十二	十三	十四
干支	己丑	庚寅	辛卯	壬辰	癸巳	甲午	乙未
每日宜忌	宜：開光、出行、嫁娶、動土、安床、入殮、除靈、破土 **忌：**安門、造船橋、上官、入學、安葬	宜：開市、訂婚、裁衣、合帳、動土、安床灶、掛匾、入殮、除靈、破土、火葬、進金、安葬 **忌：**開光、嫁娶、入宅、安香、安門、開刀	宜：祭祀 **忌：**開市、入宅、安香、嫁娶、入殮、除靈、安葬	宜：出行、祈福、酬神、訂婚、嫁娶、出火、動土、安床灶、入宅、安香、洽爐、破土 **忌：**開光、合帳、穿井、進人口、入殮、安葬	宜：裁衣、合帳、嫁娶、動土、安灶、入宅、納畜、牧養 **忌：**安床、入殮、除靈、火葬、進金、安葬	宜：入殮 **忌：**動土、入宅、安香、嫁娶、安葬	節前宜：開市、納畜、牧養、祈福、設醮、酬神、裁衣、合帳、嫁娶、出火、安床、入宅、安香、入廟 節後宜：裁衣、合帳、嫁娶
每日凶時	未	申	酉	戌	亥	子	丑
每日沖煞	羊15歲 煞東	猴14歲 煞北	雞13歲 煞西	狗12歲 煞南	豬11歲 煞東	鼠10歲 煞北	牛9歲 煞西
每日胎神占方	占門廁外 正北	碓磨爐外 正北	廚灶門外 正北	倉庫棲外 正北	占房床房 內北	占門碓房 內北	碓磨廁房 內北

15	14	13	12	11	10	9	8
六	五	四	三	二	一	日	六
			初伏				
廿二	廿一	二十	十九	十八	十七	十六	十五
癸卯	壬寅	辛丑	庚子	己亥	戊戌	丁酉	丙申
宜：出行、開市、開光、酬神、齋醮、訂婚、裁衣、嫁娶、出火、動土、安灶床、入宅、安香、洽爐、入殮、除靈、破土、火葬、安葬 忌：上官、入學	宜：開市、開光、出行、裁衣、合帳、嫁娶、出火、動土、安床、入宅、洽爐、掛扁、入殮、除靈、破土、火葬、進金、安葬 忌：安香、開刀、安門	月破大耗，宜事不取 宜：破屋、壞垣	宜：祈福、裁衣、合帳、安床、入殮、破土、火葬、進金、安葬 忌：開光、入宅、安香、嫁娶、上官、赴任	宜：出行、納畜、牧養、開光、祈福、酬神、設齋醮、訂婚、動土 忌：開市、嫁娶、安門、入殮、除靈、安葬	宜：入殮、除靈 忌：嫁娶、開光、火葬、進金、安葬	宜：開光、出行、訂婚、嫁娶、安床、開市、牧養、入殮、除靈、火葬、進金、安葬 忌：入宅、安香、動土、開刀、上官、入學	宜：祈福、酬神、設齋醮、出火、動土、入宅、安香、洽爐、除靈、破土、火葬、進金、安葬 忌：開光、嫁娶、開市、安門、入殮
酉	申	未	午	巳	辰	卯	寅
雞1歲 煞西	猴2歲 煞北	羊3歲 煞東	馬4歲 煞南	蛇5歲 煞西	龍6歲 煞北	兔7歲 煞東	虎8歲 煞南
房床門房 內南	倉庫爐房 內南	廚灶廁房 內南	占碓磨房 內南	占門床房 內南	房床栖房 內南	倉庫門房 內北	廚灶爐房 內北

國曆七月大

日期	星期	節日節氣	農曆6月	干支	每日宜忌	每日凶時	每日沖煞	每日胎神占方
16	日		廿三	甲辰	宜：祈福、酬神、齋醮、訂婚、裁衣、動土、安灶、入殮、除靈 忌：嫁娶、開光、出行、安床、開市、入宅、安香、安葬	戌	狗60歲煞南	門雞栖房內東
17	一		廿四	乙巳	宜：開光、訂婚、嫁娶、出火、動土、安灶、掛匾、開市、牧養、納畜 忌：入殮、除靈、破土、火葬、進金、安葬	亥	豬59歲煞東	碓磨床房內東
18	二		廿五	丙午	逢受死往亡，吉喜事刪刊 宜：入殮、除靈、破土、火葬、進金、安葬	子	鼠58歲煞北	廚灶碓房內東
19	三		廿六	丁未	宜：出行 忌：動土、開市、造船橋、入宅、嫁娶、入殮、安葬	丑	牛57歲煞西	倉庫廁房內東
20	四		廿七	戊申	宜：牧養、納畜 忌：開光、嫁娶、入宅、安香、入殮、安葬	寅	虎56歲煞南	房床爐房內東
21	五		廿八	己酉	宜：出行、開市、裁衣、合帳、開光 忌：嫁娶、動土、入宅、安香、入殮、除靈、安葬	卯	兔55歲煞東	占大門外東北
22	六	大暑 中伏	廿九	庚戌	本日凶星多、吉星少，宜事不取	辰	龍54歲煞北	碓磨栖外東北
23	日		初一	辛亥	宜：出行、開市、祈福、牧養、納畜、開光、酬神、設醮、訂婚、裁衣、合帳、出火、安床灶、入宅、安香、掛匾 忌：嫁娶、入殮、除靈、安葬	巳	蛇53歲煞西	廚灶床外東北

31	30	29	28	27	26	25	24
一	日	六	五	四	三	二	一
初九	初八	初七	初六	初五	初四	初三	初二
己未	未午	丁巳	丙辰	乙卯	甲寅	癸丑	壬子
宜：出行、開市、牧養、納畜、入宅 忌：嫁娶、動土、安機械、入殮、除靈、安葬	**逢受死往亡，吉喜事刪刊** 宜：塞穴、結網	宜：開市、牧養、納畜 忌：開光、嫁娶、入宅、安香、入殮、安葬	宜：牧養、納畜 忌：開光、安床、造宅、全章、入殮、安葬	宜：祈福、酬神、齋醮、開光、訂婚、裁衣、合帳、嫁娶、出火、安灶床、入宅、安香、洽爐、掛匾、入殮、除靈、火葬、進金、安葬 忌：出行、開刀	宜：出行、開市、開光、訂婚、裁衣、合帳、嫁娶、出火、安床、入宅、洽爐、掛匾、入殮、除靈、火葬、進金、安葬 忌：上官、赴任、穿井、入學	**月破大耗又逢正紅紗凶日，宜事不取**	**逢正四廢，吉喜事不取** 宜：入殮、火葬、進金、安葬
丑	子	亥	戌	酉	申	未	午
牛45歲 煞西	鼠46歲 煞北	豬47歲 煞東	狗48歲 煞南	雞49歲 煞西	猴50歲 煞北	羊51歲 煞東	馬52歲 煞南
占門廁外 正東	房床碓外 正東	倉庫床外 正東	廚灶栖外 正東	碓磨門外 正東	占門爐外 東北	房床廁外 東北	倉庫碓外 東北

二〇一七年 國曆八月（大）

日期	星期	節日節氣	農曆閏6月大7月小	干支	每日宜忌	每日凶時	每日沖煞	每日胎神占方
1	二		初十	庚申	宜：嫁娶、出火、入宅、安香、洽爐、入殮、除靈、火葬、進金、安葬 忌：開光、祈福、酬神、安門、開市、上官、赴任、入學	寅	虎44歲煞南	碓磨爐外東南
2	三		十一	辛酉	宜：開光、出行、裁衣、合帳、嫁娶、安床、牧養、入殮、除靈、火葬、進金、安葬 忌：開市、安門、動土、入宅、安香	卯	兔43歲煞東	廚灶門外東南
3	四		十二	壬戌	宜：入殮、除靈、火葬、進金、安葬 忌：動土、嫁娶、入宅、安香、祈福、酬神	辰	龍42歲煞北	倉庫栖外東南
4	五		十三	癸亥	**正四廢又逢重日，吉喜喪事均不取** 宜：沐浴、祭祀	巳	蛇41歲煞西	占房床外東南
5	六		十四	甲子	宜：牧養、納畜、祈福、酬神、訂婚、裁衣、合帳、安床、入殮、火葬、進金、安葬 忌：開光、出行、造船橋、嫁娶、除靈、齋醮、洽爐	午	馬40歲煞南	占門碓外東南
6	日		十五	乙丑	**月破大耗又逢正四廢凶日，宜事不取**	未	羊39歲煞東	碓磨廁外東南
7	一	立秋	十六	丙寅	**逢月破大耗凶日，宜事不取**	申	猴38歲煞北	廚灶爐外正南

國曆	星期	農曆	干支	宜忌	時	沖煞	胎神
8	二	十七	丁卯	宜事不取	酉	雞37歲 煞西	倉庫門外 正南
9	三	十八	戊辰	宜：開市、酬神、設齋醮、出行、訂婚、嫁娶、出火、動土、安床灶、入宅、安香、洽爐、掛匾、入殮、除靈、破土、火葬、安葬 忌：開光、安機械	戌	狗36歲 煞南	房床栖外 正南
10	四	十九	己巳	宜：祈福、酬神、裁衣、合帳、嫁娶、動土、安床、作灶、入宅、安香 忌：開市、上官、赴任、安門、入殮、除靈、安葬	亥	豬35歲 煞東	占門床外 正南
11	五	二十	庚午	宜：祈福、酬神、設齋醮、開光、出行、訂婚、嫁娶、動土、安床 忌：開市、造船橋、入宅、安香、入殮、除靈、安葬	子	鼠34歲 煞北	占碓磨外 正南
12	六	廿一	辛未	宜：出行、裁衣、合帳、嫁娶、出火、動土、安床灶、入宅、安香、洽爐、入殮、除靈、破土 忌：安門、開刀、火葬、進金、安葬	丑	牛33歲 煞西	廚灶廁外 西南
13	日	廿二	壬申	宜：出行、牧養、納畜、祈福、酬神、訂婚、裁衣、合帳、嫁娶、入宅、安香、洽爐、入殮、除靈、火葬、進金、安葬 忌：開光、動土、開市、上官	寅	虎32歲 煞南	倉庫爐外 西南
14	一	廿三	癸酉	宜：祈福、訂婚、裁衣、合帳、動土、入殮、除靈、破土、火葬、進金、安葬 忌：開光、嫁娶、出行、開市、入宅、安香、安門	卯	兔31歲 煞東	房床門外 西南
15	二	廿四	甲戌	宜：牧養、納畜、開光 忌：嫁娶、入宅、安香、入殮、除靈、安葬	辰	龍30歲 煞北	門雞栖外 西南

國曆八月大

日期	16	17	18	19	20	21	22
星期	三	四	五	六	日	一	二
節日節氣							
農曆閏6月大 7月小	廿五	廿六	廿七	廿八	廿九	三十	初一
干支	乙亥	丙子	丁丑	戊寅	己卯	庚辰	辛巳
每日宜忌	宜：作灶 忌：嫁娶、入宅、安香、入殮、除靈、安葬	宜：出行、祈福、酬神、設齋醮、訂婚、裁衣、合帳、嫁娶、動土、安床、掛匾、入殮、除靈、破土、火葬、進金、安葬 忌：開光、造船橋、開市	逢受死，忌吉喜事，惟行喪不忌 宜：入殮、除靈、破土、火葬、安葬	逢月破大耗凶日，宜事不取 宜：沐浴、破屋、壞垣	宜：開光、酬神、設齋醮、訂婚、裁衣、合帳、嫁娶、出火、入宅、安香、洽爐、掛匾、開市、入殮、除靈、火葬、進金、安葬 忌：安床、動土、破土	宜：祈福、酬神、設醮、裁衣、合帳、嫁娶、出火、動土、安床灶、入宅、安香 忌：開光、開刀、開市、入殮、除靈、火葬、進金、安葬	宜：開市、裁衣、合帳、安床、作灶
每日凶時	巳	午	未	申	酉	戌	亥
每日沖煞	蛇29歲煞西	馬28歲煞南	羊27歲煞東	猴26歲煞北	雞25歲煞西	狗24歲煞南	豬23歲煞東
每日胎神占方	碓磨床外西南	廚灶堆外西南	倉庫廁外正西	房床爐外正西	占大門外正西	碓磨栖外正西	廚灶床外正西

23	24	25	26	27	28	29	30	31
三	四	五	六	日	一	二	三	四
處暑					七夕			
初二	初三	初四	初五	初六	初七	初八	初九	初十
壬午	癸未	甲申	乙酉	丙戌	丁亥	戊子	丑巳	庚寅
宜：開光、酬神、齋醮、訂婚、嫁娶、動土、安床、除靈 忌：開市、入宅、安香、造船橋、入殮、火葬、安葬	宜：祈福、酬神、出行、嫁娶、入殮、除靈、破土、火葬、進金、安葬 忌：開光、入宅、安香、開刀、穿井、上官、赴任、入學	宜：牧養、納畜、裁衣、合帳、嫁娶、入殮、除靈 忌：動土、開市、上官、赴任、入學、安機械、造宅、全章	宜：裁衣、合帳、入殮、破土、火葬、進金、安葬 忌：嫁娶、入宅、安香、出行、除靈、齋醮、洽爐	宜：牧養、納畜、開光、裁衣、合帳 忌：嫁娶、動土、入殮、除靈、破土、火葬、進金、安葬	宜：出行、訂婚、裁衣、合帳、入宅、牧養、納畜 忌：開光、嫁娶、開市、安門、上官、赴任、安香	宜：出行、祈福、開光、訂婚、嫁娶、出火、動土、安床、入宅、安香、洽爐、掛匾、入殮、除靈、破土、火葬、進金、安葬 忌：開市、造船橋、安門	逢受死凶日，忌吉喜事惟行喪不忌 宜：入殮、除靈、破土、火葬、安葬	月破大耗，宜事不取 宜：求醫、治病、破屋、壞垣
子	丑	寅	卯	辰	巳	午	未	申
鼠22歲 煞北	牛21歲 煞西	虎20歲 煞南	兔19歲 煞東	龍18歲 煞北	蛇17歲 煞西	馬16歲 煞南	羊15歲 煞東	猴14歲 煞北
倉庫碓外 西北	房床廁外 西北	占門爐外 西北	碓磨門外 西北	廚灶棲外 西北	倉庫床外 西北	房床碓外 正北	占門廁外 正北	碓磨爐外 正北

二〇一七年 國曆九月(小)

日期	1	2	3	4	5	6
星期	五	六	日	一	二	三
節日節氣						
農曆7月	十一	十二	十三	十四	十五	十六
干支	辛卯	壬辰	癸巳	甲午	乙未	丙申
每日宜忌	宜：祈福、齋醮、出行、裁衣、合帳、嫁娶、出火、入宅、安香、洽爐、開市、入殮、除靈、火葬、進金、安葬 忌：安床、動土、破土	宜：開市、開光、訂婚、嫁娶、動土、入殮、破土、火葬、進金、安葬 忌：祈福、酬神、入宅、安香、洽爐	宜：開市、祈福、開光、訂婚、裁衣、合帳、出火、動土、安床灶、入宅、安香 忌：嫁娶、開刀、入殮、除靈、火葬、進金、安葬	宜：開光、祈福、酬神、設齋醮、訂婚、嫁娶、動土、安床、開市、除靈 忌：出行、造船橋、入宅、安香、開刀、安葬	宜：祈福、酬神、設齋醮、裁衣、合帳、安床灶、入宅、安香、洽爐、入殮、除靈 忌：嫁娶、開光、上官、赴任、入學、開市、安葬	宜：出行、牧養、納畜、嫁娶、出行、牧養、納畜、嫁娶、入殮、除靈、火葬、進金、安葬 忌：動土、上官、赴任、入宅、安香
每日凶時	酉	戌	亥	子	丑	寅
每日沖煞	雞13歲 煞西	狗12歲 煞南	豬11歲 煞東	鼠10歲 煞北	牛9歲 煞西	虎8歲 煞南
每日胎神占方	廚灶門外 正北	倉庫栖外 正北	占房床房 內北	占門碓房 內北	碓磨廁房 內北	廚灶爐房 內北

日期	星期	節氣	農曆	干支	宜忌	地支	沖煞	胎神
7	四	白露	十七	丁酉	宜：牧養、納畜、祈福、酬神、訂婚、動土、安床、入殮、破土 忌：嫁娶、入宅、安香、開光、火葬、進金、安葬	卯	兔7歲 煞東	倉庫門房 內北
8	五		十八	戊戌	宜：出行、裁衣、合帳、嫁娶、動土、安床 忌：安門、開市、入殮、除靈、火葬、安葬	辰	龍6歲 煞北	房床栖房 內南
9	六		十九	己亥	宜：出行、開市、訂婚、裁衣、合帳、出火、安床、入宅、掛匾 忌：開光、動土、上官、赴任、入殮、火葬、安葬	巳	蛇5歲 煞西	占門床房 內南
10	日		二十	庚子	宜：入殮、除靈、破土、火葬、進金、安葬 忌：造船橋、安機械、嫁娶、入宅、安香、安門	午	馬4歲 煞南	占碓磨房 內南
11	一		廿一	辛丑	宜：開光、祈福、酬神、設醮、出行、嫁娶、動土、入宅、安香、牧養、納畜 忌：安門、上官、赴任、入學、入殮、除靈、安葬	未	羊3歲 煞東	廚灶廁房 內南
12	二		廿二	壬寅	宜：開光、動土、入殮、除靈、破土、火葬、進金、安葬 忌：開市、安門、牧養、納畜、安床、嫁娶、入宅、安香	申	猴2歲 煞北	倉庫爐房 內南
13	三		廿三	癸卯	逢月破大耗凶日，宜事不取 宜：破屋、壞垣	酉	雞1歲 煞西	房床門房 內南
14	四		廿四	甲辰	宜：酬神、開光、出行、裁衣、合帳、嫁娶、出火、動土、安床灶、入宅、洽爐、入殮、除靈、破土 忌：進人口、火葬、進金、安葬	戌	狗60歲 煞南	門雞栖房 內東
15	五		廿五	乙巳	宜：開市、祈福、酬神、設醮、訂婚、動土、安床灶、掛匾 忌：嫁娶、入學、上官、赴任、開光、入宅、安香、入殮、安葬	亥	豬59歲 煞東	碓磨床房 內東

日期	16	17	18	19	20	21	22
星期	六	日	一	二	三	四	五
節日節氣							
農曆8月	廿六	廿七	廿八	廿九	初一	初二	初三
干支	丙午	丁未	戊申	己酉	庚戌	辛亥	壬子
每日宜忌	宜：嫁娶、入殮、除靈 **忌：開市、造船橋、安門、開刀**	**逢受死凶日，宜事少取** 宜：除靈	宜：牧養、納畜、出行、裁衣、合帳、出火、動土、安灶、入宅、掛匾、入殮、破土、火葬、進金、安葬 **忌：**嫁娶、安床、上官、赴任、除靈	宜：出行、入殮、除靈 **忌：**嫁娶、開市、入宅、安香、安葬	宜：出行、牧養、納畜、祈福、開光、酬神、設醮、訂婚、裁衣、合帳、出火、動土、安床、入宅、安香、掛匾、開市 **忌：**嫁娶、上官、赴任、求嗣	宜：出行、出火、安床灶、入宅、安香 **忌：**開光、造船橋、開市、安機械、雕刻、入殮、安葬	**逢四離凶日，吉喜事不取** 宜：入殮、破土、除靈
每日凶時	子	丑	寅	卯	辰	巳	午
每日沖煞	鼠58歲煞北	牛57歲煞西	虎56歲煞南	兔55歲煞東	龍54歲煞北	蛇53歲煞西	馬52歲煞南
每日胎神占方	廚灶碓房內東	倉庫廁房內東	房床爐房內東	占大門外東北	碓磨栖外東北	廚灶床外東北	倉庫碓外東北

23	24	25	26	27	28	29	30
六	日	一	二	三	四	五	六
秋分							
初四	初五	初六	初七	初八	初九	初十	十一
癸丑	甲寅	乙卯	丙辰	丁巳	未午	己未	庚申
宜：牧養、納畜、祈福、開光、酬神、齋醮、裁衣、合帳、動土、安灶、掛匾、入殮、除靈、破土、火葬、進金、安葬 **忌：出行、入宅、安香、開市**	**逢正四廢往，吉喜事刪刊** 宜：入殮、除靈、破土、火葬、進金、安葬	**逢月破大耗凶日，宜事不取** 宜：求醫、治病、破屋、壞垣	宜：祈福、酬神、齋醮、裁衣、合帳、出火、動土、安床、入宅、安香、洽爐、開市、入殮、除靈、破土 **忌：開光、嫁娶、上官、赴任、結網**	宜：開市、祈福、開光、酬神、設醮、訂婚、裁衣、合帳、嫁娶、出火、動土、安床、入宅、安香、掛匾 **忌：造船橋、上官、赴任、入殮、除靈、安葬**	宜：入殮、除靈 **忌：嫁娶、安機械、入宅、安香、開市、安葬**	**受死凶日逢開日，宜事少取** 宜：除靈	宜：出行、裁衣、合帳、嫁娶、出火、動土、安灶、入宅、入殮、破土、火葬、進金、安葬 **忌：開市、安門、穿井、牧養、納畜**
未	申	酉	戌	亥	子	丑	寅
羊51歲 煞東	**猴50歲 煞北**	**雞49歲 煞西**	**狗48歲 煞南**	**豬47歲 煞東**	**鼠46歲 煞北**	**牛45歲 煞西**	**虎44歲 煞南**
房床廁外 東北	占門爐外 東北	碓磨門外 正東	廚灶栖外 正東	倉庫床外 正東	房床碓外 正東	占門廁外 正東	碓磨爐外 東南

二〇一七年 國曆十月（大）

日期	1	2	3	4	5	6	7
星期	日	一	二	三	四	五	六
節日節氣				中秋節			
農曆9月	十二	十三	十四	十五	十六	十七	十八
干支	辛酉	壬戌	癸亥	甲子	乙丑	丙寅	丁卯
每日宜忌	宜：祈福、酬神 忌：動土、嫁娶、上官、赴任、入殮、除靈、安葬	宜：出行、訂婚、裁衣、合帳、嫁娶、動土、開市、安床、入宅、安香 忌：上官、赴任、雕刻、開池、酬神、入殮、除靈、安葬	宜：作灶 忌：開光、出行、開市、造船橋、嫁娶、入殮、安葬	宜：祭祀 忌：開光、嫁娶、入宅、安葬	宜：出行、開市、祈福、牧養、開光、酬神、齋醮、訂婚、嫁娶、動土、安床灶、入宅、安香、掛匾、入殮、除靈、破土、火葬、安葬 忌：上官、安機械	宜：開光、除靈 忌：安床、入宅、安香、嫁娶、入殮、安葬	宜：求醫、治病、破屋、壞垣 忌：月破大耗，宜事不取
每日凶時	卯	辰	巳	午	未	申	酉
每日沖煞	兔43歲 煞東	龍42歲 煞北	蛇41歲 煞西	馬40歲 煞南	羊39歲 煞東	猴38歲 煞北	雞37歲 煞西
每日胎神占方	廚灶門外 東南	倉庫棲外 東南	占房床外 東南	占門碓外 東南	碓磨廁外 東南	廚灶爐外 正南	倉庫門外 正南

15	14	13	12	11	10	9	8
日	六	五	四	三	二	一	日
					雙十節		寒露
廿六	廿五	廿四	廿三	廿二	廿一	二十	十九
乙亥	甲戌	癸酉	壬申	辛未	庚午	己巳	戊辰
宜：祈福、酬神、設醮、訂婚、出火、安床、入宅、安香、出行、開市 忌：開光、造船橋、上官赴任、入學、入殮、除靈、安葬	宜：出行、安床 忌：動土、嫁娶、入宅、安香、入殮、除靈、安葬	宜：出行、裁衣、合帳、嫁娶、安床灶、入宅、洽爐、入殮、除靈、破土、火葬、進金、安葬 忌：上官、赴任、詞訟、安門	宜：開市、牧養、納畜、祈福、酬神、齋醮、動土、除靈、破土 忌：開光、出行、嫁娶、安門、入殮、火葬、進金、安葬	宜：嫁娶、作灶 忌：開光、安門、開市、入宅、安香、入殮、安葬	宜：出行、開市、開光、祈福、酬神、設齋醮、訂婚、裁衣、合帳、嫁娶、動土、安床灶、掛匾、入殮、除靈、破土、火葬、進金、安葬 忌：入宅、安香	宜：求嗣、安機械、納財、安門 忌：造船橋、嫁娶、上官、赴任、入殮、除靈、安葬	節前宜：開光、出行、嫁娶、安灶、入殮、除靈、破土 節後忌：月破大耗，宜事不取 節後宜：破屋、壞垣
巳	辰	卯	寅	丑	子	亥	戌
蛇29歲 煞西	龍30歲 煞北	兔31歲 煞東	虎32歲 煞南	牛33歲 煞西	鼠34歲 煞北	豬35歲 煞東	狗36歲 煞南
碓磨床外 西南	門雞栖外 西南	房床門外 西南	倉庫爐外 西南	廚灶廁外 西南	占碓磨外 正南	占門床外 正南	房床栖外 正南

國曆十月大

日期	16	17	18	19	20	21	22	23
星期	一	二	三	四	五	六	日	一
節日節氣								霜降
農曆9月	廿七	廿八	廿九	三十	初一	初二	初三	初四
干支	丙子	丁丑	戊寅	己卯	庚辰	辛巳	壬午	癸未
每日宜忌	宜：開光、訂婚、安床、入殮、除靈、火葬、進金、安葬 忌：入宅、安香、開市、嫁娶、動土、安門	逢正紅紗大凶，宜事不取	受死又逢重喪，吉喜喪事均不取	宜：祈福、酬神、設齋醮、出行、訂婚、裁衣、合帳、嫁娶、動土、安床灶、掛匾、入殮、除靈、破土、火葬、進金、安葬 忌：開光、上官、入學、入宅	逢月破大耗凶日，宜事不取 宜：沐浴	宜：訂婚、嫁娶 忌：開市、造船橋、上官、赴任、入殮、除靈、安葬	宜：出行、祈福、酬神、齋醮、訂婚、嫁娶、安床、掛匾、入殮、除靈、火葬、進金、安葬 忌：開光、入宅、安香、開市、動土、安門	宜：嫁娶、作灶、入殮、除靈 忌：開市、安機械、上官、赴任
每日凶時	午	未	申	酉	戌	亥	子	丑
每日沖煞	馬28歲 煞南	羊27歲 煞東	猴26歲 煞北	雞25歲 煞西	狗24歲 煞南	豬23歲 煞東	鼠22歲 煞北	牛21歲 煞西
每日胎神占方	廚灶堆外 西南	倉庫廁外 正西	房床爐外 正西	占大門外 正西	碓磨栖外 正西	廚灶床外 正西	倉庫碓外 西北	房床廁外 西北

日	星期	節日	農曆	干支	宜忌	地支	沖煞	胎神
24	二		初五	甲申	宜：開市、祈福、牧養、納畜、開光、齋醮、酬神、訂婚、嫁娶、出火、安灶、入宅、安香、洽爐、除靈 忌：上官、赴任、出行、動土、入殮、安葬	寅	虎20歲 煞南	占門爐外 西北
25	三		初六	乙酉	宜：酬神、裁衣、合帳、嫁娶、安床、作灶、入殮、除靈、火葬、進金、安葬 忌：入宅、安香、動土、破土、穿井、安門	卯	兔19歲 煞東	碓磨門外 西北
26	四		初七	丙戌	宜：出行、祈福、牧養、納畜、酬神、訂婚、裁衣、合帳、安床、入宅、安香 忌：開光、嫁娶、開市、上官、赴任、入殮、除靈、安葬	辰	龍18歲 煞北	廚灶棲外 西北
27	五		初八	丁亥	宜：出行、裁衣、合帳、安床、入宅、安香、開市 忌：造船橋、動土、安門、嫁娶、入殮、除靈、安葬	巳	蛇17歲 煞西	倉庫床外 西北
28	六	重陽節	初九	戊子	宜：安床、開市 忌：開光、上樑、嫁娶、入宅、安香、入殮、安葬	午	馬16歲 煞南	房床碓外 正北
29	日		初十	丑巳	**逢正紅紗大凶，宜事不取**	未	羊15歲 煞東	占門廁外 正北
30	一		十一	庚寅	**逢受死凶日，吉喜事不取** 宜：入殮、除靈、火葬、安葬	申	猴14歲 煞北	碓磨爐外 正北
31	二		十二	辛卯	宜：出行、牧養、祈福、開光、酬神、齋醮、裁衣、合帳、嫁娶、出火、安床灶、入宅、安香、掛匾、入殮、除靈、火葬、安葬 忌：動土、破土	酉	雞13歲 煞西	廚灶門外 正北

二〇一七年 國曆十一月（小）

日期	星期	節日節氣	農曆10月	干支	每日宜忌	每日凶時	每日沖煞	每日胎神占方
1	三		十三	壬辰	**逢月破大耗凶日，宜事不取**	戌	狗12歲 煞南	倉庫栖外 正北
2	四		十四	癸巳	宜：訂婚、裁衣、合帳、嫁娶、安床、入宅 忌：出行、上官赴任、進人口、動土、入殮、除靈、安葬	亥	豬11歲 煞東	占房床房 內北
3	五		十五	甲午	**逢真滅沒凶日，宜事不取**	子	鼠10歲 煞北	占門碓房 內北
4	六		十六	乙未	宜：作灶、嫁娶、入殮、除靈 忌：上官、赴任、開市	丑	牛9歲 煞西	碓磨廁房 內北
5	日		十七	丙申	宜：出行、祈福、酬神、齋醮、訂婚、除靈 忌：嫁娶、開光、出火、入宅、安香、開市、動土、入殮、安葬	寅	虎8歲 煞南	廚灶爐房 內北
6	一		十八	丁酉	**逢四絕凶日，吉喜事不取** 宜：入殮、除靈、火葬、進金、安葬	卯	兔7歲 煞東	倉庫門房 內北
7	二	立冬	十九	戊戌	節後：入殮、除靈、破土 忌：嫁娶、安床、火葬、進金、安葬	辰	龍6歲 煞北	房床栖房 內南

15	14	13	12	11	10	9	8
三	二	一	日	六	五	四	三
廿七	廿六	廿五	廿四	廿三	廿二	廿一	二十
丙午	乙巳	甲辰	癸卯	壬寅	辛丑	庚子	己亥
逢正四廢凶日，吉喜事不取 宜：入殮、除靈、破土、火葬、進金、安葬	**月破大耗，宜事不取** 宜：破屋、壞垣	宜：牧養、納畜、祈福、酬神、齋醮、出行、訂婚、安床、入殮、除靈、火葬、進金、安葬 **忌：**開光、入宅、安香、嫁娶	宜：出行、開市、牧養、開光、酬神、設齋醮、訂婚、嫁娶、動土、安床灶、入宅、安香、入廟、掛匾、入殮、除靈、破土、火葬、安葬 **忌：**詞訟	宜：牧養、納畜、訂婚、裁衣、合帳、出火、動土、安床、入宅 **忌：**嫁娶、出行、開光、上官、開市、入殮、安葬	宜：開光 **忌：**安門、祈福、酬神、上官、入學、嫁娶、入宅、入殮、安葬	宜：出行、祈福、酬神、齋醮、訂婚、裁衣、合帳、嫁娶、動土、掛匾、開市、入殮、除靈、破土、火葬、進金、安葬 **忌：**安床、安門、入宅、安香	宜：出行 **忌：**開市、安機械、動土、嫁娶、入殮、除靈、安葬
子	亥	戌	酉	申	未	午	巳
鼠58歲 煞北	**豬59歲 煞東**	**狗60歲 煞南**	**雞1歲 煞西**	**猴2歲 煞北**	**羊3歲 煞東**	**馬4歲 煞南**	**蛇5歲 煞西**
廚灶碓房內東	碓磨床房內東	門雞栖房內東	房床門房內南	倉庫爐房內南	廚灶廁房內南	占碓磨房內南	占門床房內南

日期	星期	節日節氣	農曆10月	干支	每日宜忌	每日凶時	每日沖煞	每日胎神占方
16	四		廿八	丁未	宜：祈福、酬神、開光、訂婚、裁衣、合帳、動土、安床、掛匾、牧養、納畜、入殮、除靈、火葬、進金、安葬 忌：開市、嫁娶、入宅、安香、上官	丑	牛57歲煞西	倉庫廁房內東
17	五		廿九	戊申	逢真滅沒凶日，宜事不取	寅	虎56歲煞南	房床爐房內東
18	六		初一	己酉	宜：出行、祈福、開光、酬神、齋醮、動土、除靈、破土 忌：開市、納財、嫁娶、入宅、安香、開刀、入殮、安葬	卯	兔55歲煞東	占大門外東北
19	日		初二	庚戌	宜：入殮、除靈、破土、火葬、進金、安葬 忌：開光、造船橋、嫁娶	辰	龍54歲煞北	碓磨栖外東北
20	一		初三	辛亥	本日凶星多、吉星少，宜事不取	巳	蛇53歲煞西	廚灶床外東北
21	二		初四	壬子	宜：開光、出行、裁衣、合帳、嫁娶、開市 忌：安床、上官、赴任、入學、動土、入宅、安香、入殮、安葬	午	馬52歲煞南	倉庫碓外東北
22	三	小雪	初五	癸丑	宜：開光、裁衣、合帳 忌：嫁娶、入宅、安香、出行、入殮、除靈、安葬	未	羊51歲煞東	房床廁外東北
23	四		初六	甲寅	宜：出行、裁衣、合帳、嫁娶、安床、動土、入宅、洽爐、入殮、除靈、破土、火葬、進金、安葬 忌：開光、上官、赴任、入學、開市、安門	申	猴50歲煞北	占門爐外東北

30	29	28	27	26	25	24
四	三	二	一	日	六	五
十三	十二	十一	初十	初九	初八	初七
辛酉	庚申	己未	未午	丁巳	丙辰	乙卯
宜：開光、祈福、酬神、齋醮、出行、嫁娶、動土、安床、除靈、破土 忌：入殮、入宅、安香、開刀、火葬、進金、安葬	**逢受死凶日，吉喜事不取** 宜：入殮、除靈	宜：牧養、納畜、祈福、開光、齋醮、訂婚、動土、入殮、除靈、破土、火葬、進金、安葬 忌：嫁娶、入宅、安香、開市、安門	宜：訂婚、嫁娶、入宅、安香、洽爐、安灶、入殮、除靈、火葬、進金、安葬 忌：開光、安門、上官、赴任、入學、安床、動土、破土	**月破大耗，宜事不取** 宜：破屋、壞垣	宜：開光、裁衣、合帳、嫁娶、安床、入宅、安香、洽爐、入殮、除靈、火葬、進金、安葬 忌：造船橋、祈福、酬神	宜：開市、牧養、祈福、酬神、齋醮、訂婚、裁衣、出火、動土、安床灶、入宅、安香、洽爐、掛匾、入殮、除靈、破土、火葬、進金、安葬 忌：嫁娶
卯	寅	丑	子	亥	戌	酉
兔43歲 煞東	虎44歲 煞南	牛45歲 煞西	鼠46歲 煞北	豬47歲 煞東	狗48歲 煞南	雞49歲 煞西
廚灶門外 東南	碓磨爐外 東南	占門廁外 正東	房床碓外 正東	倉庫床外 正東	廚灶栖外 正東	碓磨門外 正東

二〇一七年　國曆十二月（大）

日期	星期	節日節氣	農曆11月	干支	每日宜忌	每日凶時	每日沖煞	每日胎神占方
1	五		十四	壬戌	宜：嫁娶、安床 忌：出行、造船橋、開光、開市、入殮、安葬	辰	龍42歲 煞北	倉庫栖外 東南
2	六		十五	癸亥	宜：祭祀 忌：嫁娶、開光、入宅、安香、入殮、除靈、安葬	巳	蛇41歲 煞西	占房床外 東南
3	日		十六	甲子	宜：出行、開市、祈福、酬神、開光、訂婚、裁衣、合帳、嫁娶、動土、掛匾、入殮、除靈、破土、火葬、進金、安葬 忌：安床、上官、入學、入宅、安香	午	馬40歲 煞南	占門碓外 東南
4	一		十七	乙丑	宜：剃頭、會親友 忌：嫁娶、入宅、安香、入殮、除靈、火葬、進金、安葬	未	羊39歲 煞東	碓磨廁外 東南
5	二		十八	丙寅	宜：出行、開市、牧養、納畜、訂婚、嫁娶、動土、安床、入宅、洽爐、入殮、除靈、破土、火葬、進金、安葬 忌：開光、安機械、上官、赴任、入學	申	猴38歲 煞北	廚灶爐外 正南
6	三		十九	丁卯	宜：出行、牧養、開光、祈福、酬神、訂婚、嫁娶、出火、動土、安床、入宅、安香、洽爐、掛匾、入殮、除靈、破土、火葬、進金、安葬 忌：開市、安門	酉	雞37歲 煞西	倉庫門外 正南
7	四	大雪	二十	戊辰	節前宜：開光、嫁娶、安床、入殮、除靈、火葬、安葬 節後宜：開光、酬神、出行、訂婚、嫁娶、動土、安床、入宅、安香、掛匾、入殮、安葬	戌	狗36歲 煞南	房床栖外 正南

15	14	13	12	11	10	9	8
五	四	三	二	一	日	六	五
廿八	廿七	廿六	廿五	廿四	廿三	廿二	廿一
丙子	乙亥	甲戌	癸酉	壬申	辛未	庚午	己巳
宜：入殮、除靈 忌：動土、嫁娶、入宅、安香、火葬、進金、安葬	宜：牧養、納畜、出行、裁衣、合帳、出火、動土、安灶、入宅 忌：開市、嫁娶、安床、安門、安香、入殮、除靈、安葬	宜：牧養、納畜、祈福、酬神、齋醮、訂婚、動土、安灶、除靈、破土 忌：開市、安床、入宅、安香、入殮、火葬、進金、安葬	宜：牧養、納畜、祈福、酬神、齋醮、訂婚、動土、安灶、除靈、破土 忌：開市、安床、入宅、安香、入殮、火葬、進金、安葬	宜：出行、開光、祈福、酬神、齋醮、訂婚、裁衣、嫁娶、出火、安灶、入宅、安香、洽爐、掛匾、入殮、除靈、火葬、進金、安葬 忌：開市、上官、入學	宜：安床、入殮、除靈、破土 忌：開光、嫁娶、入宅、火葬、安葬	逢月破大耗凶日，宜事不取 宜：求醫、治病、破屋、壞垣	宜：開光、祈福、酬神、設醮、裁衣、合帳、嫁娶、出火、動土、安床灶、入宅、香安 忌：安門、入殮、除靈、火葬、進金、安葬
午	巳	辰	卯	寅	丑	子	亥
馬28歲 煞南	蛇29歲 煞西	龍30歲 煞北	兔31歲 煞東	虎32歲 煞南	牛33歲 煞西	鼠34歲 煞北	豬35歲 煞東
廚灶堆外 西南	碓磨床外 西南	門雞栖外 西南	房床門外 西南	倉庫爐外 西南	廚灶廁外 西南	占碓磨外 正南	占門床外 正南

國曆十二月大

日期	星期	節日節氣	農曆11月	干支	每日宜忌	每日凶時	每日沖煞	每日胎神占方
16	六		廿九	丁丑	宜：出行、開市、祈福、酬神、訂婚、裁衣、合帳、嫁娶、出火、動土、安床、入宅、安香、掛匾 忌：牧養、造畜稠、入殮、除靈、安葬	未	羊27歲煞東	倉庫廁外正西
17	日		三十	戊寅	宜：牧養、納畜、訂婚、裁衣、合帳、安床、掛匾、入殮、除靈、火葬、進金、安葬 忌：開光、入學、嫁娶、入宅、安香	申	猴26歲煞北	房床爐外正西
18	一		初一	己卯	逢受死凶日，吉喜事不取 宜：入殮、除靈、破土	酉	雞25歲煞西	占大門外正西
19	二		初二	庚辰	宜：牧養、納畜、祈福、酬神、齋醮、出行、裁衣、合帳、嫁娶、安床、掛匾、入殮、除靈、破土、火葬、進金、安葬 忌：開光、開市、入宅、安香	戌	狗24歲煞南	碓磨栖外正西
20	三		初三	辛巳	宜：開光、祈福、裁衣、合帳、嫁娶、出火、動土、安床灶、入宅、安香 忌：開市、安門、齋醮、上官、入殮、除靈、安葬	亥	豬23歲煞東	廚灶床外正西
21	四		初四	壬午	逢月破大耗凶日，宜事不取 宜：破屋、壞垣	子	鼠22歲煞北	倉庫碓外西北
22	五	冬至	初五	癸未	宜：裁衣、合帳 忌：出行、嫁娶、上官、入學、入殮、除靈、安葬	丑	牛21歲煞西	房床廁外西北
23	六		初六	甲申	宜：出行、祈福、酬神、齋醮、訂婚、裁衣、合帳、嫁娶、出火、安灶、入宅、安香、洽爐、掛匾、入殮、除靈、火葬、進金、安葬 忌：開光、開市、安門	寅	虎20歲煞南	占門爐外西北

日期	星期	農曆	干支	宜忌	地支	沖煞	胎神
24	日	初七	乙酉	宜：安床、作灶、入殮、除靈 忌：嫁娶、設醮、齋醮、上官、赴任、安葬	卯	兔19歲 煞東	碓磨門外 西北
25	一	初八	丙戌	宜：開光、祈福、酬神、齋醮、訂婚、動土、除靈、破土 忌：嫁娶、安床、造船橋、入宅、安香、入殮、安葬	辰	龍18歲 煞北	廚灶栖外 西北
26	二	初九	丁亥	宜：牧養、納畜、訂婚、裁衣、合帳、動土 忌：安床、嫁娶、入宅、安香、安門、入殮、除靈、安葬	巳	蛇17歲 煞西	倉庫床外 西北
27	三	初十	戊子	宜：入殮、除靈 忌：開光、安門、嫁娶、入宅、安香、安葬	午	馬16歲 煞南	房床碓外 正北
28	四	十一	丑巳	宜：祈福、出行、開光、酬神、訂婚、出火、動土、安床、入宅、安香、牧養、納畜 忌：嫁娶、開市、安門、上官赴任、安機械、入殮、安葬	未	羊15歲 煞東	占門廁外 正北
29	五	十二	庚寅	宜：開光、安床、掛匾、入殮、除靈、火葬、進金、安葬 忌：嫁娶、入宅、安香、進人口、開市	申	猴14歲 煞北	碓磨爐外 正北
30	六	十三	辛卯	**受死凶日又逢平，宜事少取** 宜：平治、道塗	酉	雞13歲 煞西	廚灶門外 正北
31	日	十四	壬辰	宜：祈福、酬神、訂婚、裁衣、合帳、嫁娶、出火、動土、安床、入宅、安香、洽爐、掛匾、入殮、除靈、破土、火葬、進金、安葬 忌：出行、開光	戌	狗12歲 煞南	倉庫栖外 正北

二〇一八年 國曆正月(大)

日期	星期	節日節氣	農曆12月	干支	每日宜忌	每日凶時	每日沖煞	每日胎神占方
1	一	元旦	十五	癸巳	宜：裁衣、合帳、動土、安灶 忌：開光、嫁娶、入宅、安香、入殮、安葬	亥	豬11歲煞東	占房床房內北
2	二		十六	甲午	逢月破大耗凶日，宜事不取 宜：破屋、壞垣	子	鼠10歲煞北	占門碓房內北
3	三		十七	乙未	宜：開光、祈福、酬神、齋醮、出行、安床、入宅、安香、洽爐、入殮、除靈 忌：嫁娶、安門、火葬、進金、安葬	丑	牛9歲煞西	碓磨廁房內北
4	四		十八	丙申	宜：出行、酬神、齋醮、訂婚、嫁娶、出火、入宅、安香、洽爐、掛匾、入殮、除靈、火葬、進金、安葬 忌：開光、上官、赴任、入學、動土、開刀	寅	虎8歲煞南	廚灶爐房內北
5	五	小寒	十九	丁酉	節後：逢受死凶日，吉喜事不取 節前宜：安床、入殮、除靈	卯	兔7歲煞東	倉庫門房內北
6	六		二十	戊戌	本日凶多吉少，宜事刪刊	辰	龍6歲煞北	房床栖房內南
7	日		廿一	己亥	宜：祈福、酬神、設醮、訂婚、開市、牧養、納畜 忌：嫁娶、安門、入學、入宅、安香、入殮、除靈、安葬	巳	蛇5歲煞西	占門床房內南

15	14	13	12	11	10	9	8
一	日	六	五	四	三	二	一
廿九	廿八	廿七	廿六	廿五	廿四	廿三	廿二
丁未	丙午	乙巳	甲辰	癸卯	壬寅	辛丑	庚子
逢月破大耗凶日，宜事不取 宜：求醫、治病、破屋、壞垣	**正四廢凶日，忌吉喜事** 宜：入殮、除靈、破土、火葬、進金、安葬	宜：祈福、牧養、納畜、開光、酬神、設醮、訂婚、嫁娶、出火、動土、安床灶、入宅、安香、掛匾 **忌：**開市、上官、赴任、入殮、除靈、安葬	**本日凶多吉少，宜事刪刊，凡事謹慎**	宜：出行、訂婚、裁衣、合帳、開市、安床、入殮、火葬、進金、安葬 **忌：**嫁娶、入宅、安香、祈福、酬神、除靈	宜：開光、裁衣、合帳、嫁娶、安床、動土、入宅、洽爐、開市、掛匾、入殮、除靈、破土、火葬、進金、安葬 **忌：**祈福、酬神、安香	**正紅紗大凶，宜事不取**	宜：祈福、酬神、齋醮、安床、入殮、除靈、火葬、進金、安葬 **忌：**開市、安門、嫁娶、入宅、安香、開光、動土、破土
丑	子	亥	戌	酉	申	未	午
牛57歲 煞西	**鼠58歲 煞北**	**豬59歲 煞東**	**狗60歲 煞南**	**雞1歲 煞西**	**猴2歲 煞北**	**羊3歲 煞東**	**馬4歲 煞南**
倉庫廁房 內東	廚灶碓房 內東	碓磨床房 內東	門雞栖房 內東	房床門房 內南	倉庫爐房 內南	廚灶廁房 內南	占碓磨房 內南

國曆正月大

日期	星期	節日節氣	農曆12月	干支	每日宜忌	每日凶時	每日沖煞	每日胎神占方
16	二		三十	戊申	宜：入殮、火葬、進金、安葬 忌：開市、安門、開光、嫁娶、入宅、安香	寅	虎56歲 煞南	房床爐房內東
17	三		初一	己酉	受死又逢重喪，吉喜喪事均不取	卯	兔55歲 煞東	占大門外東北
18	四		初二	庚戌	宜：訂婚、裁衣、合帳、嫁娶、作灶 忌：開光、造船橋、上官、入學、安床、開市、入殮、安葬	辰	龍54歲 煞北	碓磨栖外東北
19	五		初三	辛亥	宜：開光、祈福、酬神、設醮、牧養、納畜 忌：安床、開市、動土、入宅、安香、嫁娶、入殮、除靈、安葬	巳	蛇53歲 煞西	廚灶床外東北
20	六	大寒	初四	壬子	宜：裁衣、合帳、安床、牧養、納畜、入殮、除靈、火葬、進金、安葬 忌：嫁娶、動土、開刀、上官、赴任、上樑、入宅、安香	午	馬52歲 煞南	倉庫碓外東北
21	日		初五	癸丑	正紅紗，宜事不取	未	羊51歲 煞東	房床廁外東北
22	一		初六	甲寅	宜：出行、訂婚、裁衣、合帳、嫁娶、出火、安床、入宅、洽爐、掛匾、入殮、除靈、火葬、進金、安葬 忌：開市、安香、動土、開光、破土	申	猴50歲 煞北	占門爐外東北

23	24	25	26	27	28	29	30	31
二	三	四	五	六	日	一	二	三
初七	初八	初九	初十	十一	十二	十三	十四	十五
乙卯	丙辰	丁巳	未午	己未	庚申	辛酉	壬戌	癸亥
宜：出行、開市、牧養、納畜、訂婚、裁衣、合帳、安床、入殮、火葬、進金、安葬 忌：開光、嫁娶、入宅、安香、除靈、齋醮	宜：裁衣、合帳、嫁娶 忌：安機械、造船橋、入殮、除靈、安葬	正四廢又逢重日，吉喜喪事均不取 宜：祭祀	宜：出行、嫁娶、安床、入宅、安香、洽爐、入殮、除靈、火葬、進金、安葬 忌：開光、上官、赴任、入學、安門、動土、破土	逢月破大耗凶日，宜事不取	宜：出行、開市、開光、訂婚、裁衣、合帳、嫁娶、出火、安灶、入宅、洽爐、掛匾、入殮、除靈、火葬、進金、安葬 忌：動土、安香、破土	宜：入殮、除靈、火葬、安葬 忌：逢受死凶日，忌吉喜事	宜：作灶 忌：開市、出行、開光、安床、嫁娶、入宅、入殮、安葬	宜事不取
酉	戌	亥	子	丑	寅	卯	辰	巳
雞49歲煞西	狗48歲煞南	豬47歲煞東	鼠46歲煞北	牛45歲煞西	虎44歲煞南	兔43歲煞東	龍42歲煞北	蛇41歲煞西
碓磨門外正東	廚灶栖外正東	倉庫床外正東	房床碓外正東	占門廁外正東	碓磨爐外東南	廚灶門外東南	倉庫栖外東南	占房床外東南

二〇一八年 國曆二月(平)

日期	星期	節日節氣	農曆正月	干支	每日宜忌	每日凶時	每日沖煞	每日胎神占方
1	四	尾牙	十六	甲子	宜事不取	午	馬40歲煞南	占門碓外東南
2	五		十七	乙丑	正紅紗大凶，宜事不取	未	羊39歲煞東	碓磨廁外東南
3	六		十八	丙寅	逢四絕，吉喜事不取 宜：除靈、火葬、進金、安葬	申	猴38歲煞北	廚灶爐外正南
4	日	立春	十九	丁卯	節前宜：訂婚、入殮、火葬、進金、安葬 節後宜：出行、牧養、開光、祈福、酬神、齋醮、訂婚、動土、入殮、除靈、破土、火葬、進金、安葬	酉	雞37歲煞西	倉庫門外正南
5	一		二十	戊辰	宜：開光、嫁娶、裁衣、合帳、安床 忌：開市、造船橋、動土、祈福、酬神、入殮、除靈、安葬	戌	狗36歲煞南	房床棲外正南
6	二		廿一	己巳	宜：作灶 忌：嫁娶、入宅、安香、入殮、除靈、安葬	亥	豬35歲煞東	占門床外正南
7	三		廿二	庚午	宜：出行、牧養、納畜、祈福、酬神、齋醮、訂婚、裁衣、合帳、嫁娶、安床、入殮、除靈、火葬、進金、安葬 忌：開光、入宅、安香、開市、安門	子	鼠34歲煞北	占碓磨外正南

8	9	10	11	12	13	14	15
四	五	六	日	一	二	三	四
					除夕	西洋情人節	
廿三	廿四	廿五	廿六	廿七	廿八	廿九	三十
辛未	壬申	癸酉	甲戌	乙亥	丙子	丁丑	戊寅
宜：牧養、納畜、祈福、酬神、訂婚、裁衣、合帳、出火、動土、安床灶、入宅、安香、入殮、破土、火葬、進金、安葬 **忌：開光、出行、除靈、嫁娶**	**逢月破大耗凶日，宜事不取** 宜：沐浴、破屋、壞垣	宜：開光、祈福、酬神、齋醮、訂婚、動土、入殮、除靈、破土、火葬、進金、安葬 **忌：安床、嫁娶、入宅、安香、上官、赴任、入學、開市**	**受死逢重喪，吉喜喪事均忌** 宜：斷蟻、塞穴、取魚、結網	宜：出行、祈福、酬神、訂婚、裁衣、出火、動土、安床灶、入宅、安香 **忌：開市、入學、開刀、嫁娶、入殮、除靈、火葬、進金、安葬**	宜：出行、開市、開光、祈福、酬神、齋醮、訂婚、嫁娶、動土、除靈、破土 **忌：入宅、安香、上官、赴任、安床、入殮、火葬、進金、安葬**	宜：祈福、酬神、齋醮、裁衣、合帳、安床、入殮、除靈、火葬、進金、安葬 **忌：嫁娶、入宅、安香、動土、開刀、牧養、納畜**	宜：牧養、納畜、訂婚、裁衣、合帳、安床、入殮、除靈、火葬、進金、安葬 **忌：開光、動土、嫁娶、入宅、安香、開市、破土**
丑	寅	卯	辰	巳	午	未	申
牛33歲 煞西	**虎32歲 煞南**	**兔31歲 煞東**	**龍30歲 煞北**	**蛇29歲 煞西**	**馬28歲 煞南**	**羊27歲 煞東**	**猴26歲 煞北**
廚灶廁外 西南	倉庫爐外 西南	房床門外 西南	門雞栖外 西南	碓磨床外 西南	廚灶堆外 西南	倉庫廁外 正西	房床爐外 正西

日期	16	17	18	19	20	21	22
星期	五	六	日	一	二	三	四
節日節氣				雨水			
農曆正月	初一	初二	初三	初四	初五	初六	初七
干支	己卯	庚辰	辛巳	壬午	癸未	甲申	乙酉
每日宜忌	宜：出行、酬神、齋醮、訂婚、裁衣、出火、動土、安床、入宅、安香、開市	宜：開光、裁衣、合帳 忌：開市、祈福、嫁娶、入殮、除靈、安葬	宜：作灶 忌：開光、安機械、嫁娶、入宅、安香、入殮、安葬	宜：出行、開市、牧養、祈福、開光、齋醮、訂婚、裁衣、嫁娶、出火、動土、安床、入宅、安香、掛匾、入殮、除靈、破土、火葬、進金、安葬 忌：入學	宜：訂婚、嫁娶、入殮、火葬、進金、安葬 忌：入宅、安香、出行、除靈、齋醮、動土、破土	**逢月破大耗凶日，宜事不取** 宜：沐浴、破屋、壞垣	宜：祈福、酬神、齋醮、出行、入殮、除靈、破土、火葬、進金、安葬 忌：嫁娶、開光、開市、安床、上官、赴任、入宅、安香
每日凶時	酉	戌	亥	子	丑	寅	卯
每日沖煞	雞26歲煞西	狗25歲煞南	豬24歲煞東	鼠23歲煞北	牛22歲煞西	虎21歲煞南	兔20歲煞東
每日胎神占方	占大門外正西	碓磨栖外正西	廚灶床外正西	倉庫碓外西北	房床廁外西北	占門爐外西北	碓磨門外西北

28	27	26	25	24	23
三	二	一	日	六	五
和平紀念日					
十三	十二	十一	初十	初九	初八
辛卯	庚寅	巳丑	戊子	丁亥	丙戌
宜：出行、牧養、祈福、訂婚、裁衣、嫁娶、開光、酬神、齋醮、動土、安床、掛匾、開市、入殮、除靈、破土、火葬、進金、安葬 忌：入宅、安香	宜：裁衣、合帳、入殮、除靈 忌：動土、嫁娶、入宅、安香、安葬	宜：祈福、酬神、裁衣、合帳、入殮、除靈 忌：開光、動土、嫁娶、開刀、穿井、入宅、安香、火葬、安葬	宜：開光、祈福、酬神、出行、訂婚、嫁娶、動土、除靈、破土 忌：安床、開市、入宅、安香、入殮、火葬、進金、安葬	宜：出行、祈福、訂婚、裁衣、合帳、動土、安床 忌：上樑、嫁娶、開光、安門、入殮、除靈、安葬	**逢受死凶日，忌吉喜事** 宜：入殮、除靈、破土、火葬、安葬
酉	申	未	午	巳	辰
雞14歲煞西	猴15歲煞北	羊16歲煞東	馬17歲煞南	蛇18歲煞西	龍19歲煞北
廚灶門外正北	碓磨爐外正北	占門廁外正北	房床碓外正北	倉庫床外西北	廚灶栖外西北

附錄

雞年12生肖運勢

新的一年，
各個生肖有各自需留意之處，
一到十二月，
哪個月份運氣最好、
哪個月份運勢最差呢？

[生肖]鼠

10、22、34、46、58、70、82、94、106歲

今年運勢概況：
1. 勾絞遇六害，恐有朋友暗中陷害連累，不可大意。
2. 太陰至臨，男人須注意身體或色情風波，女人大吉。
3. 妙有天喜吉星，自可逢凶化吉，諸事順暢。

農曆 1月

運勢指數：★★★
本月宜努力奔走可得順利，勿送喪可得平安，注意夫妻感情防不睦。

農曆 2月

運勢指數：★★
逢刑之月令，交友小心以免受害，勿擔保及強出頭，凡事以和為貴，免日後憂。

農曆 3月

運勢指數：★★★★
金匱華蓋高照財源廣進，名利雙收，能至福德廟拜拜更佳，慎防官符纏身。

農曆 4月

運勢指數：★★★★★
月德天喜吉星照臨，逢凶化吉，貴人相助，諸事亨通，百事吉。

農曆 5月

運勢指數：★
沖破月空沖動，處處宜小心恐有色情破財，出外行車凡事宜謹慎。

農曆 6月

運勢指數：★★
雖有龍德吉星照宮，可是美中亦不足，逢殺厄諸事不可強求為吉。

農曆 7月

運勢指數：★★★
逢合化凶行善積德，吉人相助，最好至福德正神廟拜拜，祈求平安諸事吉慶。

農曆 8月

運勢指數：★★★
多口舌之爭，防桃花引起風波，宜安份守己，喜有吉星高照，自可無慮。

農曆 9月

運勢指數：★★
逢天狗星入宮，不利遠行，騎車留意，防損傷，病痛之憂，行善積德，自可安泰。

農曆 10月

運勢指數：★★
本月不可言吉，身體須注意，勿探病人，交友謹慎，以免受害。

農曆 11月

運勢指數：★★★
伏吟星至，處事宜小心最好勿管閒事，出外行車小心注意，適時捐血可防血光之災。

農曆 12月

運勢指數：★★★★★
喜逢六合多吉星，財運亨通家業成，戶納千祥諸事多吉慶。

[生肖] 牛

9、21、33、45、57、69、81、93、105歲

今年運勢概況：
1. 官飛符凶星纏宮，非法之事切莫行，以免犯官符。
2. 浮沉血刃凶星，處事小心謹慎，適時捐血防血光之厄。
3. 幸有三合天解神，逢凶化吉，自有財福入門庭。

農曆 1 月
運勢指數：★★
已婚男女防婚外情，引來官非之災，未婚男女婚可期。

農曆 2 月
運勢指數：★★★
行事小心謹防意外之災或官非之厄，勿管閒事，勿貪不義之財，修身積德。

農曆 3 月
運勢指數：★★
本月女人大吉，男人恐有身體欠安，必須注意防血光之災，勿當保証人，處事謹慎。

農曆 4 月
運勢指數：★★★★
小人陷害或官符之厄，三合金匱吉星，可逢凶化吉，財利盈門，諸事亨通。

農曆 5 月
運勢指數：★★★
年逢三合可逢凶化吉，多行善德熱心助人，勿貪不義之財，諸事可亨通。

農曆 6 月
運勢指數：★
月逢沖破，宜保守安份，凡事須防小人陷害，交友宜謹慎，以免損財之災。

農曆 7 月
運勢指數：★★★
交友小心防連累，逢天喜吉星臨，財喜臨門多吉慶。

農曆 8 月
運勢指數：★★
雖解神三合拱照，但不可言吉，交友小心謹慎，尤其色情或仙人跳須提防。

農曆 9 月
運勢指數：★★★★
喜逢貴人，德星化解，漸入佳境，勿管他人事，免得是非多。

農曆 10 月
運勢指數：★★★
出外行車事事小心，不可大意，存心積德，自有餘慶，非法之財勿貪。

農曆 11 月
運勢指數：★★★★
喜逢六合及吉星照臨，事事順心無阻礙，財喜並至事業興，但須注意身體健康。

農曆 12 月
運勢指數：★★
本月須注意，須防小人暗害，行車外出宜小心，須防禍不單行。

[生肖]虎

8、20、32、44、56、68、80、92、104歲

今年運勢概況：
1. 死符凶星亦須防，恐有病厄也難當，善心作福萬事通。
2. 逢劫殺小耗糾纏，注意理財或投資須小心，切勿作保。
3. 妙有月德吉星高照，貴人相助，善道而行有吉慶。

農曆1月
運勢指數：★
伏吟劍鋒並至，交友小心謹慎提防，以免受害牽連或造成打鬥血光之災。

農曆2月
運勢指數：★★
本月勿出國遠行以保平安，恐有情色風波之慮，切須注意。

農曆3月
運勢指數：★★★
不可言吉，須防孝服糾纏，必防意外之災，多行善積德，祈求平安順心。

農曆4月
運勢指數：★★
逢刑又害處處小心，勿管閒事以免口角是非，注意慎防破財之災，注意身體健康。

農曆5月
運勢指數：★★★★
月逢三合可逢凶化吉，多行善德熱心助人，勿貪不義之財，諸事可亨通。

農曆6月
運勢指數：★★
雖有吉化，宜三思後行，善道而進，守己安份，以免損財之災。

農曆7月
運勢指數：★
逢沖處處小心謹慎，凡事三思而後行，不可自作誤聰明，一錯百事憂。

農曆8月
運勢指數：★★★★
逢德化改，安份守己，存心積德，可得福財喜並至。

農曆9月
運勢指數：★★★
須防意外之厄，祈求福德正神化解金星以保安泰 幸逢三合星逢凶化吉。

農曆10月
運勢指數：★★★
六合天德福星喜臨來，財喜臨門多吉慶，自有貴人來扶持，諸事亨通名利雙收。

農曆11月
運勢指數：★★
出外行車處處小心注意，勿送喪，須防孝服，善德而行，可免意外之災發生。

農曆12月
運勢指數：★★
逢病符凶星入宮，注意身體健康，勿貪不義之財，得意須防失意時。

[生肖]兔

7、19、31、43、55、67、79、91、103歲

今年運勢概況：1. 尚嫌太歲臨頭座，無喜恐有禍，年初須安奉太歲星君化禍迎福來。
2. 囚獄厄害來照，交友小心，事事三思而後行，免官符纏身。
3. 凡事多阻礙，非法之事切莫行，以免官非又纏身。

農曆1月

運勢指數：★★

注意身體，勿探病，腳踏實地，非法之事宜避，以免官非難解，要切記在心。

農曆2月

運勢指數：★★★

貴人相助有美景，財源廣進利亨通，惟須防血光之厄到家中。

農曆3月

運勢指數：★★★

太陽高照，貴人扶持，但天空入宮，勿管閒事，是非破財，防家庭風波。

農曆4月

運勢指數：★★

奔波之勞，須防孝服來纏，災厄又至，錢財而失，夜間勿遠行。

農曆5月

運勢指數：★★★

出外行車小心注意，女人順暢亨通，妙逢天喜吉星，吉人自有天相。

農曆6月

運勢指數：★★★

勿強出頭惹來血光之禍，適時捐血可避災，善德而行可保安康。

農曆7月

運勢指數：★★★★

逢德化凶助吉，解神照臨，雖有吉利，但不能大意，謹防受騙而損錢財。

農曆8月

運勢指數：★

災星沖動，諸事宜謹慎，不可輕舉妄動，多行善道，祈求平安順境。

農曆9月

運勢指數：★★★★

喜逢六合可生助，宜行善積德，貴人扶佳境重見，事業有望自然有慶。

農曆10月

運勢指數：★★

白虎入宮，易傷人口，及其它不測之事，防朋友失信，損財倒會或借錢不還。

農曆11月

運勢指數：★★★

防口角是非多端，或桃花纏身風波，幸有天德福星到可化解。

農曆12月

運勢指數：★

逢天狗星入度，不利遠行，騎車留意，防損傷，病痛之憂，善心好德，能除災厄。

[生肖]龍

6、18、30、42、54、66、78、90、102歲

今年運勢概況： 1.天厄凶星至，交友防小人陷害，出外行車宜小心謹慎。
2.龍德紫微鑾駕，諸事皆吉利，財源廣進，自有財福喜臨門。
3.喜逢歲合吉星，禍去福來，萬事亨通。

農曆1月

運勢指數：★

天狗凶星入度，不利遠行，騎車留意，防損傷，諸事不如意，多勞心，病痛之憂。

農曆2月

運勢指數：★★

不可言吉，恐有身體欠安且切須注意，以保安康 交友亦小心謹慎防之。

農曆3月

運勢指數：★★

月逢刑剋，凡事三思而行，須防不測而憂鬱，以免遭無妄之災。

農曆4月

運勢指數：★★★

劫殺孤辰凶星來臨，親朋好友金錢勿往來，妙有太陽天喜吉星臨，善德而行可安泰。

農曆5月

運勢指數：★★

勿送喪及食喪物，謹防血光之厄，幸有解神化吉，注意色情之事起風波。

農曆6月

運勢指數：★

交友小心恐被連累官非之災或中美人計，若能修身積德可保安泰。

農曆7月

運勢指數：★★★

非法之事請勿進行，以免官非纏身，多行善德，月逢三合，自可逢凶化吉。

農曆8月

運勢指數：★★★

逢凶化吉，吉人天相，財利用心可得，萬事吉利自有厚福。

農曆9月

運勢指數：★

凶星沖動，切記小心行事，防守可避災，金錢花費須節制，宜量入為出。

農曆10月

運勢指數：★★★

逢吉星照臨，若能修身積德，將會事事得意貴人助，財源廣進。

農曆11月

運勢指數：★★★

逢三合將星來，財喜臨門多吉慶，可祈求福德正神更安順。

農曆12月

運勢指數：★★★

謹防口角是非，喜有吉星高照，貴人相助，財利順暢，謀事可成。

[生肖]蛇

5、17、29、41、53、65、77、89、101歲

今年運勢概況：
1. 妙逢歲合福星與天德，多行善德財利可得，逢凶化吉諸事吉慶。
2. 白虎星來出現，防血光之災，祈求福德正神化解，適時捐血可化血光。
3. 喜逢三合吉星照臨，逢凶化吉，善德兼顧，萬事吉慶。

農曆1月
運勢指數：★★★
慎防口角多端而損財，幸有天德福德星照臨，貴人相助，家中生百福。

農曆2月
運勢指數：★
逢天狗星入度，不利遠行，騎車留意，防損傷，諸事宜謹慎防病痛之憂。

農曆3月
運勢指數：★★
逢殺之月宜小心，他人借錢恐無還，注意身體健康，已婚防外遇，未婚姻緣可期。

農曆4月
運勢指數：★★★
逢解神吉星臨，但得意時宜安份守己，以免意外之災降臨，勿遠行及夜行。

農曆5月
運勢指數：★★
少出國遠遊，女人防色情及夫妻不睦，善德而行可安泰。

農曆6月
運勢指數：★★
不可言吉，恐有災厄，出外行車宜小心，勿食喪物及送喪，行善積德保平安。

農曆7月
運勢指數：★★★★
年月逢合吉星高照，事事得利從心願，善道而行財喜通達。

農曆8月
運勢指數：★★
不可言吉，慎防親朋好友借錢或作保連累，若能善德而行，自有貴人相助。

農曆9月
運勢指數：★★
出外行車須小心，交友不慎引官災，幸有紅鸞月德駕，未婚男女姻緣可期。

農曆10月
運勢指數：★
逢破耗星至臨來，多行善德來破災，若無恐怕百事來，勿管他人事避免日後愁。

農曆11月
運勢指數：★★★★
積德造福，再逢紫微吉星高照，諸事吉祥多吉慶，財利通達全家迎。

農曆12月
運勢指數：★★★
再祈福德正神化解金星，妙逢三合吉星高照，家中生百福，諸事皆順心。

[生肖] 馬

4、16、28、40、52、64、76、88、100歲

今年運勢概況：

1. 卷舌凶星，閒事勿管，以免易生口舌是非。
2. 天德福星高照，貴人相助，財利亨通，諸事多吉慶。
3. 紅鸞星動，未婚之人姻緣可望，女人吉慶。

農曆 1月

運勢指數：★★★

須防小人引官非，幸有三合吉星高照，逢凶化吉，財利盈門多福慧。

農曆 2月

運勢指數：★★★

已婚男女注意婚外情，喜有多吉星高照，善德而行，財喜相隨，諸事免憂愁。

農曆 3月

運勢指數：★★

天狗凶星至，不利遠行，騎車留意，防損傷，病痛之憂，逢天解星，望大事化小。

農曆 4月

運勢指數：★★

逢病符凶星入宮，注意身體健康，勿貪不義之財，得意須防失意時。

農曆 5月

運勢指數：★★

月逢劍鋒，事事須三思而後行，出外行車或交友必提防，多行善德祈保順利。

農曆 6月

運勢指數：★★★★

注意身體健康，喜逢六合太陽吉星高照，逢凶化吉，貴人相助，家中生百福。

農曆 7月

運勢指數：★★

喪門凶星入宮，不利探病，不送喪及不食喪物，事事要小心，以免發生意外。

農曆 8月

運勢指數：★★★

紅鸞星動逢喜來，未婚男女有緣來，已婚之人心宜定，否則逢害又損財。

農曆 9月

運勢指數：★★★

不可言吉，出外行車小心，勿管閒事，以免招來官非，惹來血光之災。

農曆 10月

運勢指數：★★

交友宜謹慎，勿有金錢借貸，以免血本無歸，不可無防，夜間勿遠行。

農曆 11月

運勢指數：★

逢耗星來，多行善德來破災，若無恐怕百事來，勿管他人事避免日後愁。

農曆 12月

運勢指數：★★★

雖有吉星照臨，惟美中不足，出外開車宜小心，以免災厄纏身，多行善事祈求安泰。

[生肖]羊

3、15、27、39、51、63、75、87、99歲

今年運勢概況：
1. 年有天狗凶星來佔宮，恐有損傷及禍殃，行善謹慎保平安。
2. 披頭凶星臨，須遠離口舌是非，注意禍厄近身。
3. 吊客寡宿至，須防夫妻刑剋，若能多行善德，祈求安泰順景。

農曆 1月
運勢指數：★★★★★
天喜龍德吉星多，春來百福納千祥，諸事順利又亨通，財源廣進慶有餘。

農曆 2月
運勢指數：★★★
須防血光之災，心情煩燥，適時捐血化災，幸有三合天解臨，善德而行可保安康。

農曆 3月
運勢指數：★★★
注意身體，以防血刃或口角是非，妙有多位吉星高照，逢凶化吉貴人助。

農曆 4月
運勢指數：★★★
是吉非真，慎防意外之厄，多祈求安泰，求財須奔波辛苦則可期。

農曆 5月
運勢指數：★★
逢病符凶星入宮，注意身體健康，勿貪不義之財，得意須防失意時。

農曆 6月
運勢指數：★★
伏吟遇劍鋒，宜小心防血光之災，勿管他人事，則免來日憂，交友注意防連累。

農曆 7月
運勢指數：★★
逢孤神與劫殺，出外行車小心勿遠行及夜行，未婚男女婚姻可期，已婚防夫妻不睦。

農曆 8月
運勢指數：★★
災殺凶星為不吉，防親朋好友連累，也須謹防孝服至，則免來日愁。

農曆 9月
運勢指數：★★
逢刑勾絞凶星，交友須謹慎防連累，勿作保忌遠行，多行善積德招福臨。

農曆 10月
運勢指數：★★
遇飛官符至，逢三合解化，若無光中慮，恐有暗中憂，慎防強出頭引來日後憂。

農曆 11月
運勢指數：★★★
須防小人陷害，恐有桃花纏身，謹防免家庭風波，妙有月德相助逢凶化吉。

農曆 12月
運勢指數：★
逢破大耗及月殺，行善積德來解化，事事按步而行，安份守己，以免招災臨。

[生肖]猴

2、14、26、38、50、62、74、86、98歲

今年運勢概況：

1. 官符來阻礙，恐有連累受官災，慎防家庭風波糾紛亦損財。
2. 病符凶星照宮，宜注意身體健康，勿探病，勿食喪物。
3. 亡神凶星入宮，交友小心謹慎防備，善心積德為吉。

農曆1月

運勢指數：★

逢破之月須注意，勿管閒事，防牢獄之災及損財，宜多行善積德。

農曆2月

運勢指數：★★

阻礙重重，慶有吉星關照，貴人扶助，自可大事化小，小事化無。

農曆3月

運勢指數：★★★

常至福德廟拜拜，可保吉祥，月逢三合吉星臨，諸事可成喜慶來。

農曆4月

運勢指數：★★

逢德解化，吉星來照，又逢六合可逢凶化吉，但須防言語之爭，親戚朋友來借錢反目。

農曆5月

運勢指數：★★

不可言吉，諸事須謹慎，非法之事切莫行，可免牢獄之災。

農曆6月

運勢指數：★★

逢紅鸞星入宮，未婚男女婚姻可期，若已婚謹防家庭風波，防身體欠安。

農曆7月

運勢指數：★

伏吟劍鋒凶星糾纏，出外行車小心注意，以免意外之厄或口舌惹出血光之災。

農曆8月

運勢指數：★★

是月不可言吉，未婚男女喜事可望，已婚男女須防色情風波。

農曆9月

運勢指數：★

逢喪門入宮，須防孝服，忌探病或食喪家物品，應注意身體的健康。

農曆10月

運勢指數：★

交友謹慎，勿管閒事，勿貪非法之財，以免官非纏身，損財是非多端。

農曆11月

運勢指數：★★★

妙逢三合金匱星照臨，諸事可得順利，自有貴人扶助。

農曆12月

運勢指數：★★

喜有德解，可逢凶化吉，但不可大意，多行善德，以免有損財之災。

[生肖]雞

1、13、25、37、49、61、73、85、97歲

今年運勢概況：
1. 太歲又逢刑，凡事不可大意，宜安太歲星君保安康。
2. 天哭逢劍鋒多行善德，閒事勿管，以免血光臨。
3. 妙逢金匱與將星貴人至，再行善積德，自然財利可得。

農曆1月
運勢指數：★★★
雖有三合來照臨，但有凶星走在前，須防朋友反背連累，以免官非也來臨。

農曆2月
運勢指數：★★
注意身體與桃花糾纏，妙逢六合吉星與月德，貴人相助，大事化小，小事化無。

農曆3月
運勢指數：★★★
年雖逢合，多行善德，諸事宜三思而後行，交友細心以免損財之厄。

農曆4月
運勢指數：★★★
處事謹慎提防，多行善德，閒事勿管，以免惹來官非及血光之災。

農曆5月
運勢指數：★★
出外行車宜細心注意安全，恐有桃花纏身，或仙人跳，切須注意防備。

農曆6月
運勢指數：★★
善事宜多行，注意婚姻之美滿，夜間勿遠行，出外須小心，防天外飛來橫禍。

農曆7月
運勢指數：★★
注意身體健康，出外行車處處小心謹慎，勿貪不義之財，謹防色情風波。

農曆8月
運勢指數：★★★
逢吉星相助，財利可望，但事事宜謹慎，以免引起血光之災。

農曆9月
運勢指數：★★
處事小心注意，恐有多災多難，多行善德，閒事勿管，逢太陽高照，有貴人扶持。

農曆10月
運勢指數：★★
注意身邊之人平安順境，勿探病，勿送喪，勿管他人是非，自求平安順境。

農曆11月
運勢指數：★★★
幸有天喜來改變，有喜破九災，逢凶化吉自安排，小心提防小人陷害。

農曆12月
運勢指數：★★★★
月逢三合天解神照臨來，遇上黑雲可撥開，但須防官符來阻礙，心定可安泰。

[生肖] 狗

12、24、36、48、60、72、84、96、108歲

今年運勢概況：

1. 吞陷凶星臨，恐有多災厄，多行善積德，以保平安。
2. 陰殺凶星照臨，今年最好少出國遠遊，以免得之又失。
3. 妙逢太陽吉星高照，人逢喜事氣洋洋，諸事大吉大利。

農曆 1月

運勢指數：★★★

交友小心，以免連累官符之災，多行善德以保平安，妙逢三合吉星逢凶化吉。

農曆 2月

運勢指數：★★★

幸逢德合小解，須注意身體之健康，注意桃色纏身而損錢財。

農曆 3月

運勢指數：★

逢破遇耗處處小心謹慎，凡事三思而後行，不可自作聰明，一錯百事憂。

農曆 4月

運勢指數：★★★

交友小心恐有小人暗中陷害，逢紅鸞星動，未婚男女婚姻可期，已婚防外遇風波。

農曆 5月

運勢指數：★★★★

交友小心防受連累，如至福德廟拜拜祈保平安順心，喜逢三合吉星臨，諸事吉慶。

農曆 6月

運勢指數：★★★

逢卷舌犯刑，最好勿管他人事，以免口角是非多端，如逢貴人相助，可免日後愁。

農曆 7月

運勢指數：★★

天狗吊客凶星臨，須防不測之事，夜勿遠行開車，出行謹慎，防孝服近身。

農曆 8月

運勢指數：★★★

注意身體健康，勿出國遠行及夜行，以保平安，交友須小心謹慎，可免牢獄之災。

農曆 9月

運勢指數：★★

伏吟劍鋒凶星糾纏，出外行車小心注意，以免意外之厄或口舌惹出血光之災。

農曆 10月

運勢指數：★★★

注意金錢勿借出，恐有出無入，已婚男女防外遇，未婚男女婚姻可期。

農曆 11月

運勢指數：★★

注意血光之災，若無光中慮，恐有暗中憂，閒事勿管，凡事忍一時風平浪靜。

農曆 12月

運勢指數：★★

本月逢刑，凡事宜三思而後行，勿管他人事，守之安泰，妄動招災來。

[生肖]豬

11、23、35、47、59、71、83、95、107歲

今年運勢概況：

1. 逢驛馬星纏宮，辛苦奔波求財利可得，並有住宅變遷及出國機會。
2. 地喪又喪門，處處小心，須防孝服，勿送喪勿食喪物或探病。
3. 孤神凶星出現，夫妻恐有刑剋，宜互相體諒包容。

農曆1月

運勢指數：★★★★

六合天德福星喜臨來，財喜臨門多吉慶，自有貴人來扶持，諸事亨通名利雙收。

農曆2月

運勢指數：★★★

逢合解化，諸事大吉利，財利亨通，得意之時須防損友，暗中牽連受累造成官符纏身。

農曆3月

運勢指數：★★

出外行車小心，以免損財及血光之災，雖有月德化解，但注意桃色引起風波。

農曆4月

運勢指數：★

逢破又劫，恐有暗中愁，經商事業須細心，奔波辛苦也難成，須防得少失大。

農曆5月

運勢指數：★★★

逢吉星龍德顯星至，善道而行吉慶有餘，出外行車須注意夜勿遠行。

農曆6月

運勢指數：★★★

出外行車宜小心，又見金星，常求福德正神化解，幸有三合吉星照，逢凶化吉。

農曆7月

運勢指數：★

謹防小人陷害官司纏身，金錢方面須注意損財，須防桃花風波引起夫妻不睦。

農曆8月

運勢指數：★★★

諸事宜小心謹慎，交友要過濾，以免受連累或意外之災，凡事宜節守。

農曆9月

運勢指數：★★

雖是逢殺之月，注意身體健康，防夫妻口角失和，勿管他人事，未婚男女婚姻可期。

農曆10月

運勢指數：★★

逢刑指背之嫌，交友小心謹防陷害，勿管他人事，則免日後愁，謹防血光及損財。

農曆11月

運勢指數：★★★

注意身體健康，勿貪不義財免日後憂，防桃花引起夫妻不睦，未婚男女婚姻可期。

農曆12月

運勢指數：★★★

是吉非真，勿送喪及食喪物，諸事小心謹慎，善心好德，自有貴人扶助逢凶化吉。

誰是醜八怪 詞/詹惟中 曲/麻吉弟弟

誰是 誰是 誰是 醜八怪 醜八怪 X3
到底誰誰 誰是 誰是醜八怪

誰說我是醜八怪 你的嘴巴才奇怪 誰說我是醜八怪 你的眼睛在偷拍
誰說我是醜八怪 你的心理有變態 誰說我是醜八怪 你也不是我的菜

敢說我是醜八怪 我想你是沒人愛
敢說我是醜八怪 你的鼻樑不正心術歪

誰是醜八怪 不是 為什麼說我奇怪
反正哪個帥哥不愛 我看你才是醜八怪

我不是醜八怪X4 誰是醜八怪X4

誰是 誰是 誰是 醜八怪 醜八怪 X3
到底誰誰 誰是 誰是醜八怪

如果我是醜八怪 那你妖魔加鬼怪 如果我是醜八怪 至少心腸沒你壞

別再說我醜八怪 我有整型可以改 別再說我醜八怪 我有拉皮可以蓋
別再說我醜八怪 我有眼頭可以開 我有豐胸可以來 我有隆鼻可以塞

誰是醜八怪 不是 為什麼說我奇怪
反正哪個帥哥不愛 我看你才是醜八怪
我不是醜八怪X4 誰是醜八怪X4

誰說我是醜八怪 我是帥哥的天菜
誰說我是醜八怪（背客漢）往我懷裡栽
誰說我是醜八怪 只要唇紅又齒白
誰說我醜八怪（黃曉名）為我期待
別再說我醜八怪 虎背熊腰馬A賽
別再說我醜八怪「波多」也會為我唉

誰是醜八怪 不是 為什麼說我奇怪
反正哪個帥哥不愛 我看你才是醜八怪
我不是醜八怪X4 誰是醜八怪X4

街頭遊民披頭散髮沒人採 孤獨老人邊幅難修誰關懷
弱勢兒童蓬頭垢面等人愛 心地善良絕對不是醜八怪X4

感恩 FT.山豬、香蕉 詞/詹惟中 曲/麻吉弟弟

詹：人的一生中啊～
二位：欸 總有些緣份的事兒？
詹：一命二運三風～
二位：離題了離題了～
詹：講起緣份的事儿
二位：對對對講緣份～
詹：嗯都要記得感恩～
二位：洗耳恭聽～

詹：感恩地獄道 感恩惡鬼道 感恩畜牲道 感恩人間道
感恩修羅道 感恩天天道 道道道道道道道道 觀音再造

合唱：感恩小人多難菩薩 感恩朋友打牌泡茶
感恩社會有工可打 感恩感恩感恩 感恩妻小沒來找碴
感恩老闆一路提拔　感恩父母扶養長大 感恩感恩感恩

合唱：感感感感恩 感恩感恩感感恩 感感感感恩
感恩 感恩 感恩X2

詹：人的一世中啊～ 二位：欸　總有些開運的事兒～
詹：孝順讀書看風水～ 二位：嗯！怎麼說怎麼說？
詹：講起命運的事儿～ 二位：命運～ 是好好玩
詹：嗯都要記得感恩～ 二位：洗耳恭聽～

詹：感恩地獄道 感恩餓鬼道 感恩畜生道 感恩人間道
感恩修羅道 感恩天天道 道道道道道道道道 菩薩恩高

合唱：火災總是消防先到 酒駕撞人阿SIR難逃
急診加護醫生辛勞 感恩感恩感恩 逃學翹課老師煩惱
挨餓受凍媽媽抱抱 吸毒嗑藥勒戒坐牢 感恩感恩感恩

合唱：感感感感恩 感恩感恩感感恩 感感感感恩
感恩 感恩 感恩X2
（哈拉）其實山豬人醜，順眼就好
至於香蕉眼小，善良就好；
有的人天生矮，待人要好；
感恩日常生活，平順就好。

合唱：感感感感恩 感恩感恩感感恩 感感感感恩
感恩 感恩 感恩X2

解掉凶兆 FT.大愷 詞/詹惟中、大愷、沈懿 曲/呂曉棟

解開你的大凶兆 開運風水有一套
只要好運能來到「布拉甲」也能當眼罩
別說你有金鐘罩 不信風水查某就會「跌人躁」（台語）
破產凶兆我解掉 情傷凶兆我脫掉，
鋼絲胸罩你不要 官司凶兆我也不要，
解掉解掉要解掉 凶兆凶兆都脫掉

解掉解掉要解掉 解掉你的大凶兆
解掉解掉要解掉 解掉你的大凶兆

電視政治都口水 早點漢堡也餿水
夜店把妹灌酒水 給我給我好風水

A兆B兆CD兆 問題出在沒人罩
床頭方位來打造 讓你睡個大懶覺

解掉解掉X4

老師開釋了
一個房間放兩床 小三小王來上床
我想做個「好野狼 」財位放個大魚缸
姐姐想要「嫁好尪 」開門一定要有光
有事沒事被「衝康 」都是椅背有個窗
若是客廳見茅房 打針吃藥住病房
爐灶前後看光光 「查某」錢財花光光
雙腳睡覺對著窗 大家「LP」都曝光
後面陽台暗又髒 「後代子孫」難風光

解掉解掉要解掉 解掉你的大凶兆
解掉解掉要解掉 解掉你的大凶兆
解掉解掉要解掉 解掉你的大凶兆
解掉解掉要解掉 解掉你的大凶兆

祈福 詞/詹惟中、王子豪 曲/麻吉弟弟

嗡嗡祈福 嗡嗡釋迦 嗡嗡祈福 嗡嗡釋迦

我愛牟尼 牟尼愛我 牟尼愛我 我愛牟尼
我佛 我佛 我佛 我佛慈悲 佛我 佛我 佛我 佛我謙卑
世界之大 唯佛獨尊 心胸要寬 捨佛其誰
心懷慈悲 無所懼怕 父母之愛 與佛同大

為在身邊鄰居祈福 為在遠方朋友祈福
為孤獨的孩子祈福 為病痛的老人祈福

南無祈福 南無釋迦 南無祈福 南無釋迦

我愛牟尼 牟尼愛我 牟尼愛我 我愛牟尼
我佛 我佛 我佛 我佛慈悲 佛我 佛我 佛我 佛我謙卑
宇宙之大 佛陀慈悲 與佛同在 無所不在
心中有佛 愛吾所愛 善哉善哉 不再罣礙

為在身邊鄰居祈福 為在遠方朋友祈福
為孤獨的孩子祈福 為病痛的老人祈福

南無祈福 南無釋迦 南無祈福 南無釋迦

玩藝 ㊶

詹惟中2017開運農民曆

解析個人流年八字密碼，趨吉避凶，讓你全年亨通、升官發財、桃花朵朵開

作　　者—詹惟中
文字整理—林雨欣
攝　　影—子宇影像
責任編輯—程郁庭
責任企劃—塗幸儀
封面設計—果實文化設計工作室
內文設計—潘大智
內文排版—王麗鈐
董 事 長
總 經 理—趙政岷
總 編 輯—周湘琦
出 版 者—時報文化出版企業股份有限公司
10803台北市和平西路三段240號3樓
發行專線—(02)2306-6842
讀者服務專線—0800-231-705、(02)2304-7013
讀者服務傳真—(02)2304-6858
郵撥—1934-4724時報文化出版公司
信箱—台北郵政79～99信箱
時報悅讀網—http://www.readingtimes.com.tw
電子郵件信箱—ctliving@readingtimes.com.tw
生活線臉書—https://www.facebook.com/ctgraphics
法律顧問—理律法律事務所　陳長文律師、李念祖律師
印　　刷—詠豐印刷有限公司
初版一刷—2016年9月30日
定　　價—新台幣340元
（缺頁或破損的書，請寄回更換）

時報文化出版公司成立於一九七五年，並於一九九九年股票上櫃公開發行，
於二〇〇八年脫離中時集團非屬旺中，
以「尊重智慧與創意的文化事業」為信念。

國家圖書館出版品預行編目資料

詹惟中開運農民曆. 2017 : 解析個人流年八字密碼，趨吉避凶，讓你全年亨通、升官發財、桃花朵朵開 / 詹惟中著. -- 初版. -- 臺北市 : 時報文化, 2016.09
面；　公分. --（玩藝；41）
ISBN 978-957-13-6762-0（平裝）

1. 命書 2. 改運法

293.1　　105015301

ISBN 978-957-13-6762-0
Printed in Taiwan